2番教室からの日本語講座

——方言・地名・語源のなぞ

添田建治郎 著

ひつじ書房

はしがき

山口大学で担当した授業科目のうち、人文学部生が相手の日本語学や日本語学特殊講義、そして、理系を含む全学部生が対象の言語学（共通教育、2番教室）などの講義で、それまでの「教壇の上から人話しかけていく授業のやり方」を少し変えてみた。目指したのは、「むずかしいことを易しく、易しいことを深く、深いことを面白く」（井上ひさし氏）だった。十数年前のことである。質問カードを配布し、次頁のような講義内容に対する「疑問や意見」を書いてもらう。一週間後、授業の始めに「これはこういうことじゃないかな。」と説明する、「まだ言いたい」とカードが返ってくる。もう一週間後、またそれに答える、他の学生が割って入る、双方向形式の講義である。学生たちが自分の考えを言う、他人《ひと》の意見に耳を傾けて考え直す。「一対一のキャッチボール」である。湧いてきた疑問がその場で解けていく。答えを保留することもある。互いに教え、教わってきた。それ以来、張り合いが全然違って

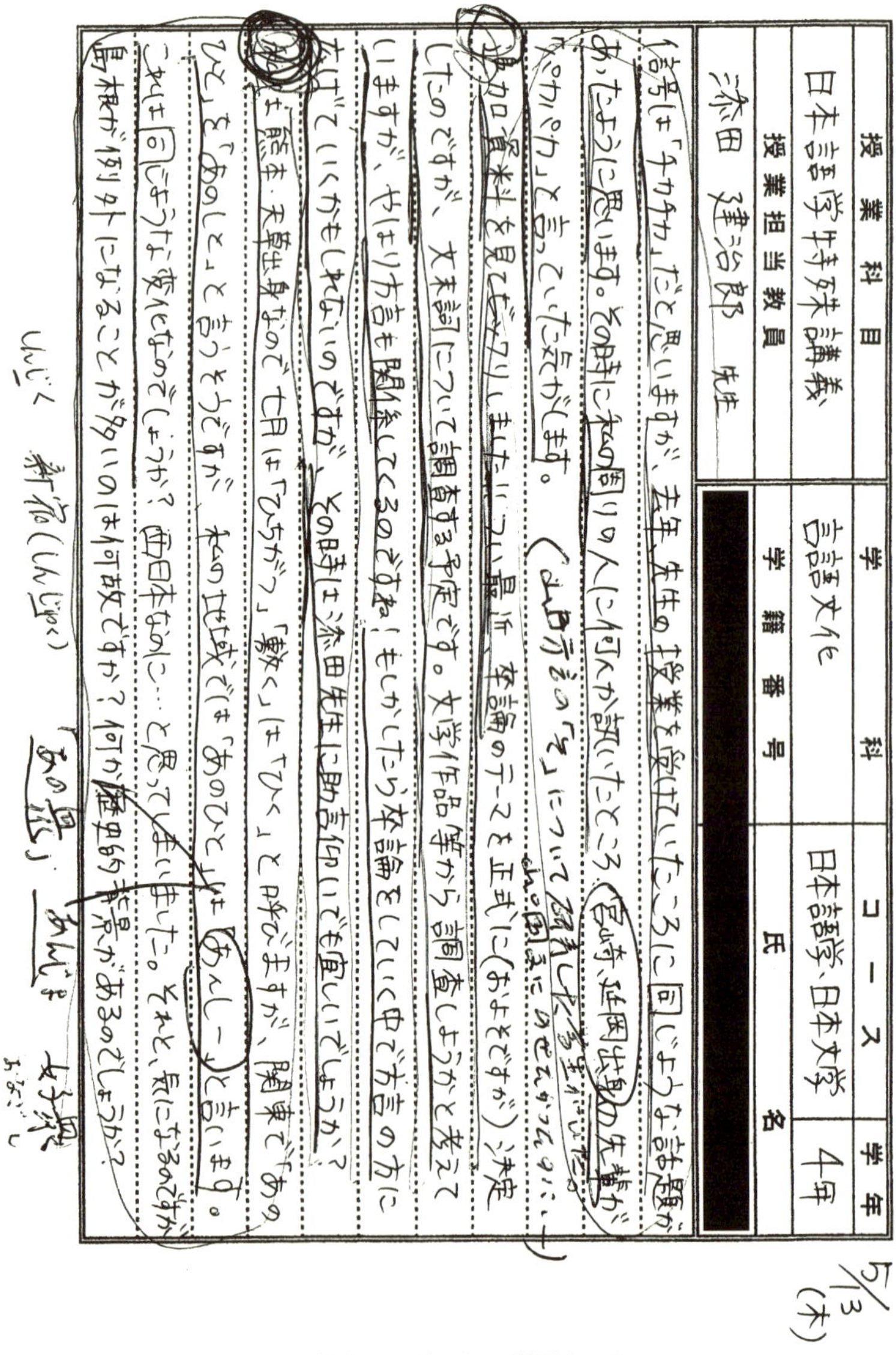

授業科目	学科	コース	学年
日本語学特殊講義	言語文化	日本語学・日本文学	4年
授業担当教員	学籍番号	氏名	
添田 建治郎 先生	[redacted]		

信号は「チカチカ」だと思いますが、去年、先生の授業を受けていたころに同じような話題があったように思います。その時に私の周りの人に何人か訊いたところ、宮崎、延岡出身の先輩が「パカパカ」と言っていた気がします。

追加資料を見てビックリしました!! つい最近、卒論のテーマを正式に（およそですが）決定したのですが、文末詞について調査する予定です。文学作品等から調査しようかと考えていますが、やはり方言も関係してくるのですね！ もしかしたら卒論をしていく中で方言の方に広げていくかもしれないのですが、その時は添田先生に助言仰いでも宜しいでしょうか？

私は熊本・天草出身なので七月は「ひちがつ」「敷く」は「ひく」と呼びますが、関東で「あのひと」を「あのしと」と言うそうですが、私の地域では「あのひと」は「あんしー」と言います。これは同じような変化なのでしょうか？ 西日本なのに…と思ってしまいました。それと、気になるのですが島根が例外になることが多いのは何故ですか？ 何か歴史的背景があるのでしょうか？

5/13（木）

しんじく　新宿（しんじゅく）　「あの衆」　あんじょ　女子衆《おなごし》

学生のこだわりの質問カード 1

きた。

文化が力を無くすと日本語も弱ってくる、日本語はかけがえのない言葉、日本人を知る宝の山だと説いていった。「文法、文法で追い回されてきた高校の国語とは様子が違うなあ」、「言葉、特に日本語にはこんな意味合いや特徴・働きがあったのかあ」、そんな学生の表情を見ていると、授業の準備が楽しくなってくる。言葉に対する彼らの感性の良さはあなどれない。少しずつで良いから、話すべき中身の方も一層身に付けていってほしい。外国語での会話力が期待されることが多いが、要は「What to say」、何を話すかである。

本書は、研究の「ほんの入り口の話題」も少し添えて、「教室で交わした日本語をめぐるやりとり」を再現してみた。綿密な論証は二の次にした思い付き程度の代物なのだが、その分内容がやや硬くなくて、寝ころんでは読めない『日本語講座』になったかもしれない。昨今「言葉の運用に役立つ実用的なハウツウ物」は山ほど出ているが、本書を読んで日本語の真価に少し触れ、若者の口からも、一言「日本語、お前、見直したぞ！」と聞けると幸いである。

二〇一一年　五月

添田　建治郎

目次

1　前書に寄せられた意見から

(1)　はじめに

六年前、山口大学での授業風景を『愉快な日本語講座』（小学館）に著した。日本語をめぐって学生との間でやりとりした、例えば、「そうはイカのきんたま」「山口大学は『口大《ぐちだい》』なの？」などの授業風景を二五項目にわたって紹介しながら、彼らが「日本語に巡り会い、理解を深め、再認識をしている」、そんな様子を描いていった。後で読者からいただいた色んな意見や質問・励ましは、引き続き考察を進めていく私の「栄養」になった。詰めの甘い取り違えなども教えられた。

以下、本書では講義内容を□、学生等からの疑問や意見を□、記事等の引用を□に示す。

(2) たんたんタヌキのきんたま

のっけから品性に欠ける話題で先行きが大いに心配だが、筆者もこの手の話が「結構好きだ」と来ているから厄介である。広島のS氏から寄せられた意見には思わずウ〜ンと唸ってしまった。「たんたんタヌキの〜」の歌は、運動会の徒競走などで、気分・雰囲気の盛り上げにスピーカーから大音響で流され、今も私の脳裏から離れない。聖歌が原曲だと言う。『天国と地獄』もよく聞かされた。

「たんたんタヌキのきんたまは〜」の本当の歌詞は、「たんたんタヌキの金時計」だったと思うのですが…。どうでしょう。
（広島・S氏）

「狸のきんたま」を含んだ用例が、すでに、江戸時代半ばの談義本(滑稽な通俗小説)の『風流志道軒伝』に見出される。狸の睾丸が大きいことを言い表した、曰く「狸のきん玉八畳敷」である。これの有力な語源説は、『狸の金箔』が訛《なま》った地口《じぐち》・ことば遊びの句」である。日本古典文学大系『東海道中膝栗毛』(岩波書店 一九五八年)の頭注には、「金箔を打ち展ばす時は、金を狸の皮で挿み、上からこれを槌で打つのであるが、一匁の金を打ち展ばせば、八畳敷の広さにもなる……」とある。風も無いのにタヌキのあれが揺れる、振り子を連想する。直接的に言ってしまっては身も蓋もないと考え、後世、「～のきんたま」を下敷きに、傍線部分をなぞりながら「～の金時計」とさりげなく流した。江戸時代に、高級な金時計などが、庶民のことば遊びに出るほど身近にあったとは思えない。「歌詞としての新旧」は別として、表現それ自体は、ぼかした言い方の「タヌキの金時計」の方が新しいと考える。庶民の日常を面白く描いた談義本や滑稽本ならではの「狸のきんたま」である。

魑魅魍魎《ちみもうりやう》のしはざか…狸《たぬさ》のきん玉八畳敷、狐《きつね》が三疋尾が七ッの類ならば、打ものわざにてかなふまじ。貴僧高僧に命じて御祈《いのり》あるべしなんど、評議一決せざる處に、…

（『風流志道軒伝』（1763）四）

「…アノこうしてござるお手のひらへ、畳《たゝみ》が八畳《でう》しかるげな「たぬきの金玉《きんたま》とおなじことだな「もつてへねへことをいふ。…

（『東海道中膝栗毛』（1802–1809）六編・下）

関連して思い出すことば遊びの句がある。前書でも触れた、「そうはイカのきんたま」を言い換えた「そうはイカの金太郎飴」「そうはイカの金かくし」などである。どれも、きわどい内容をぼかして「あれよ、ほらあれ」と遠回しに言って楽しむ、言わば「言葉の落書き」である。こんな悪戯《いたずら》書きをし神社の柱や便所の壁を汚した「身に覚えのある」年配の方もおられよう。

「そうはイカのきんたま」の続報です、山口県には「そうはイカの腰巾着」もあります。

（理・S君）

江戸っ子には、「火事はどこだ、牛込だ」の続きを男女で言い方が二通りあり、義父は「牛のきんたま丸焼けだ」で、その姪(家内のいとこ)は「牛のお尻は真っ赤っ赤」と言うらしい。

（筆者の中学時代の同級生・O君）

共感してか、S君が新資料の「そうはイカの腰巾着」を知らせてくれた。腰巾着は、その昔「腰に提げて金銭や薬などを入れて持ち歩いていた袋」である。そうだった、「そうはイカのきんたま」は、「捕らぬ狸の皮算用」を念頭に置いて「そう上手《うま》くはいかないぞ」の意を言った、「そうは虎の皮」「そうは虎の門の金比羅」（滑稽本、洒落本等に用例がある）あたりと同工異曲の「語句の続き具合・調子（語呂《ごろ》）を合わせた言葉の洒落」、つまりは地口である。「そうは捕らぬ↓そうは虎の〜」と「そうは行かぬ↓そうは烏賊の〜」、両者はその合わせる手法がよく似ている。

中学校時代の同級生だったO君も、地口が大好きで楽しそうに紹介してきた。従姉妹《いとこ》さんの「牛のお尻は…」はそれの焼き直し版である。女性だってぼかしながらも気にしている。

愉快な日本語講座　▶16

言い返すときどうぞ

「そうはイカの…」は迫力満点

少し上品さに欠ける話でこの講座を締めくくるのは不本意なのだが。

私は、二十数年前、北九州市から広島県の山里に引っ越してきた。それからしばらく、土曜、日曜のたびに、近所の子らと小学校の運動場で草野球をし、いつの間にかそれに「添田野球」の名がついていた。「オジさんの魔球を見せてやろう」と、進んでピッチャー役を買って出る。わんぱく坊主たちは、「おいちゃんの球なんかハエがとまるわい。打っちゃるわい!」とムキになってくる。そこで、私の一言。「そうはイカのきんたま!」

物言いはかなり刺激的だが、言わんとするところはきわめて単純明快、印象は強烈である。「そうは行かないぞ」では少々迫力に欠ける、「そうは問屋が卸さん」では古すぎて彼らに通じない。

「そうはイカのきんたま」とは何か。私は、高知市の市内電車の中で、「高知和牛が好きやき、今日は鋤焼《すき》き!」という宣伝文句を見た時にピンときた。これだ!　原形は方言の「そうは行かんきに」だ（「きに」は理由を表す助詞）と。

第二段階はちょっと専門的になるが、「きに」の「に」を撥音《はつおん》便化させて「そうは行かんきん」となる。そして、「行か」の部分を十本足の「イカ」に見立てて、「そうはイカんきん」。「ん」を原形の助詞「の」に置き換えることで、「そうはイカのきん」までたどりつく。

トイレの壁などに落書きしたりして、汚い言葉（ウンコ、シッコ）が大好きな男の子たちのこと。「きん（金）」とくればその先に思い浮かべるのはただ一つ。かくして「そうはイカのきんたま」が出来上がる。

「きー」「きに」「きん」は、福岡県の筑豊地方、大分、広島、岡山各県の一部、四国地方などで使われているが、私が「そうはイカのきんたま」の発祥地として最も有力と考えるのは、筑豊地方である。

マージャンは炭鉱労働者の娯楽として欠かせない。やったことがないので正確なところは分からないが、「リーチ!」と言われると、どうも「そうはいかないぞ」と言い返したくなる場面があるらしい。とっさに口をついて「そうはイカのきんたま」が出てくる。くわえたばこで、パイをジャラジャラやっている風景が目に浮かぶ。そこがこの表現を生んだ温床なのだ。学生は言う。

○「そうはイカのきんたま、だっちょのふんどし」と父が言っていました。しかも、父はいまだに娘の私にこの言葉をメールで打ってきます。

○僕は鹿児島出身ですが、子供のころから「そうはイカのきんたまタコが引っ張る」を言い親しんできました。

理学部のK教授から届いたメールのお墨付きがうれしい。

○東京で私より半世代から一世代上の人たちが使っていた（と思われる）「恐れ入谷の鬼子母神」「草加越谷千住の先（草加の先は越谷春日部）」「とんだところへ北村大善」「当たり前田のクラッカー」などの語呂合わせ（地口）より多様で、完成度は上のような気がする。

（山口大学人文学部教授・添田建治郎）　＝おわり

イラスト・藤田はるえ

「そうはイカの…」は迫力満点
（中国新聞社提供：『中国新聞』2007 年 3 月 3 日朝刊より）

（3）アオジンタン、かごめかごめ

「あおじみ」のことを「アオジンタン」と言いますが、それも、「青ジミ↓青ジン↓青ジンタン（仁丹）」となったのでしょうか。

（人文・Kさん）

アオジンタンは、原形のアオジミ（打ち身で内出血して出来る青あざ）から変化した若い世代の新方言である。Kさんは、そのアオジンタンと前書の「そうはイカの～」、（1）の「たんたんタヌキの～」、以上の三者は、その「思い浮かべた発想や生み出されてきた道筋」がよく似ているようだと考えた。

そうは行かんきに↓そうは行かんきん（撥音便化）↓そうはイカのきん↓そうはイカのきんたま

アオジミ（青ジミ）・アオジニ↓アオジン（撥音便化）↓アオジンタン

打ち身で出来る青あざ（青染《あおじ》み）を、広島県や愛媛県等ではアオジニやアオジと言っている。アオジミのミの子音［m］をナ行の［n］と交替させて出来たのがアオジニ。アオジはそれの下略形である。山口県豊浦郡、愛媛県周桑郡等ではそのアオジニのニを撥音便化させたアオジンが聞かれる。ジンという音の響きに触発されアオジンタンが視界に入ってくる。ジンタンは口中清涼剤の「仁丹」（商標名）のことで、青染みとは怪我・薬剤の関連で結び付いたと考える。北海道発の同じ意の新方言アオタンにもタン(丹)が付く。毎日のように友達と言い合っていたアンポンタン。あれも、元はアホウ、アホダラ(アホンダラ)、アホ太郎、そのあたりから、薬の名前の「反魂丹《はんごんたん》」「万金丹《まんきんたん》」等を意識して出来た語なのではないか。

山口県豊浦郡にはクロジンもある。同じ発想で将来クロジンタンが生まれるだろうか。

かごめかごめ　籠の中の鳥は　いついつ出やる
夜あけの晩に　鶴と亀が　つーぺった(すーべった)
うしろの正面だあれ

ジャンケンに負けた子が子供らの輪の真ん中に両手で顔を覆《おお》って屈《かが》んでいる、その周りを勝った子供らが輪をかいて回りながら唄う。あのわらべ歌である。カゴメの元の形は「折れ曲がる」が原義の動詞カガム(屈)の命令形のカガメで、その第二音節の母音[a]を[o]に置き換えた(異化※させた)カゴム、カゴメが、中国地方や山形、新潟、愛媛、兵庫、長崎の各県他で見られる。タタム(畳)に対するタトム、シャガムに対するシャゴムも、同様に変化した語形である。「峠」を指す方言のタワ(主に中国東部)とタオ(主に中国西部、旧仮名遣いはタヲ)は、「タワヤメ(手弱女)→タオヤメ」と並行的な変化。それらはみな「撓《たわ》む」のタワと同根であり、北杜夫の小説『白きたおやかな峰』のタオにもなる。[a]から[o]

への変化である。

※異化…音変化の一手法で、ある音が、隣接する他の音と接触した時に、差違を際立たせる方向へ変化することを言う。前頁の場合は、同じ母音[a]が連続する「カガ〜」形を避けて後者の母音を[o]に替え、「カゴ〜」とした。「差違をなくす方向への変化」は同化である。

出だしの「かごめかごめ」の下で、その「屈《かご》め」の「カゴ」音から「籠《かご》」、「籠の中の鳥」と連想を進めていき、少し後ろで突然「鶴と亀」を登場させている。なぜか。元歌が、清元の「月花茲友鳥(山姥)」にある「かごめ〳〵かごの中の鳥はいつ〳〵出やる夜明のばんにつる〳〵つつぱいつた」ならば、一案だが、「籠の中の鳥」を念頭に置き、「滑る」態《さま》を示す擬態語「つる」(傍線部)に語呂を合わせて「鶴」を連想し、その下に「長寿の動物」の縁で「亀」を続けたと考える。広島県央のラーメン店で見かけた色紙の文句、「味平で　めでたい食物《もの》は　中華そば　はじめつる鶴　あとはかめ亀」の類である。「鶴と亀」は、「…おまへの池なるかめをかに鶴《つる》こそむれゐてあそぶめれ」(『平家物語』(一三世紀前)巻一・祇王)と謡って、長寿の瑞相のセットだった。

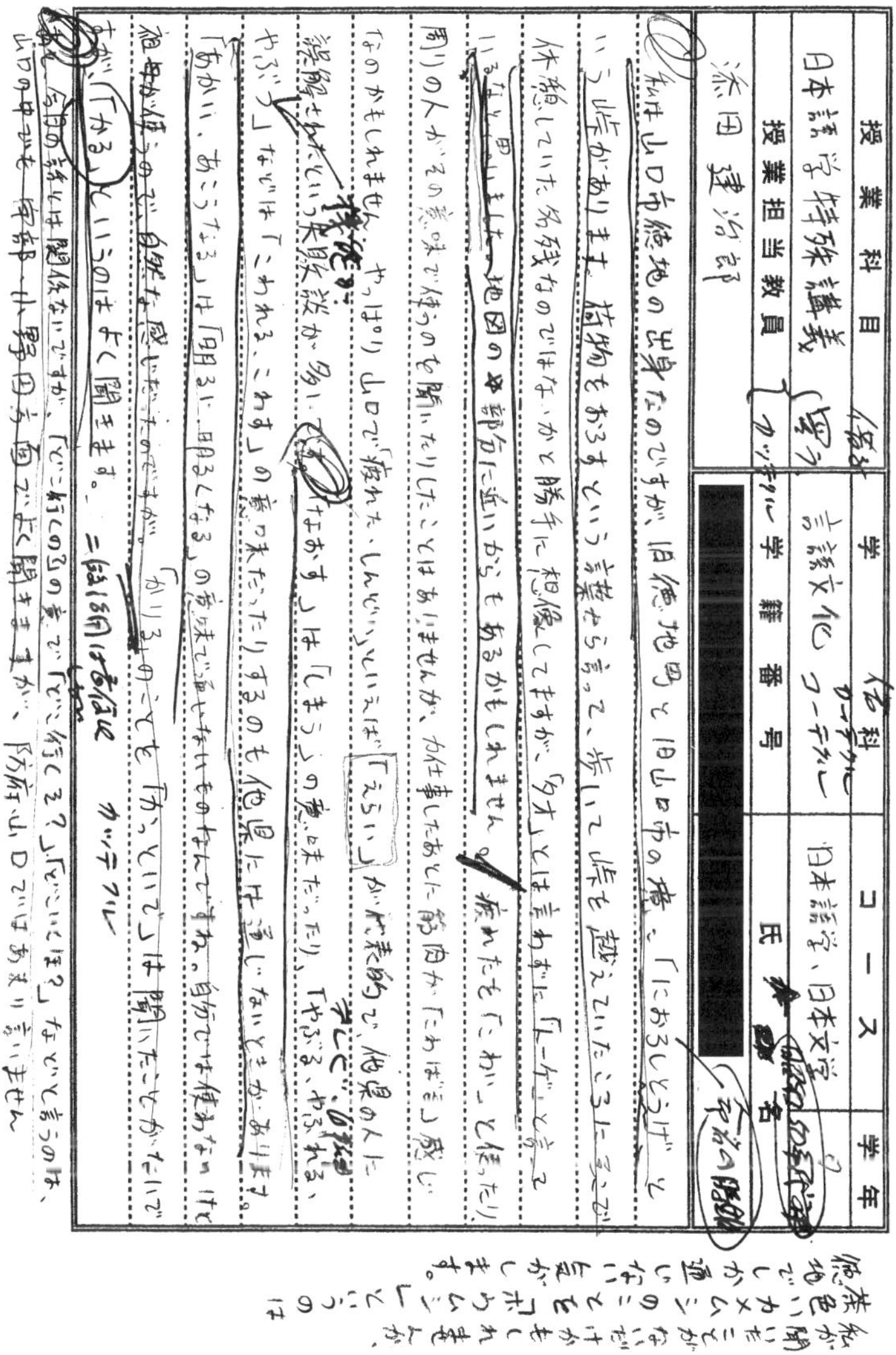

学生のこだわりの質問カード 2

かごめかごめは、身籠もった女の人が、夜中に階段の上から突き落とされて亡くなったという話。かごめかごめ籠の中の鳥は(お腹の中の私の子供は)、いついつ出やる(いつ出てくるのだろう)、夜あけの晩に(夜明け方に)、鶴と亀がすーべった(階段から私とお腹の子供は落ちてしまった)、後ろの正面だあれ(後ろから突き落としたのは誰)。これが裏の意味だそうです。
(人文・Kさん)

寺山修司氏は、歌い継いできた遊び歌の『花いちもんめ』の一節「負けてくやしい花いちもんめ…」と、野口雨情の童謡『シャボン玉』の歌詞「シャボン玉とんだ 屋根までとんだ…」、その二つを取り上げ、『日本童謡集 「青い眼の人形」から「唐獅子牡丹《からじしぼたん》」まで』(光文社 一九七二年)のプロローグで、小高正代氏のエッセイを引用しながら次のように述べている。子供たちの遊び歌や童謡は、時に、意外に重たい時代背景を抱えているようだ。

「花」というのは、菊とか桜とかいった植物の花ではなく「女郎」の花代のことで、いちもんめというのは一匁《もんめ》、つまり金の単位。

たのしそうに唄っているが、これは悲しくも残酷な人身売買の唄で、貧しい村で不作つづきのあとに相次いだ娘の身売りは、「ふるさとをまとめて(捨てて)、たった一匁の花代で買われていった。」ことを唄ったものだというのである。

そういわれてみると「あの子がほしい」「この子がほしい」というのは傾城《けいせい》の人買いたちで、「あの子じゃわからん」と応じるのは、農村の親たち。「買ってうれしい花いちもんめ」と、値切られて「まけてくやしい花いちもんめ」と唄い返す。子供たちは人買いと娘を売る親たちのやりとりをあどけない声で真似《まね》ながら唄ってきたものだということがはっきりする。

小高さんは、さらにこうした考証をすすめていって、

シャボン玉とんだ　屋根までとんだ　屋根までとんで　こわれて消えた

という童謡が、買われていった女郎たちの唄だという結論にたどりつく。塀《へい》の外へ逃げ出したい、逃げて故郷の親のもとへ帰りたいと思いながら年季が明けず、とじこめられている女郎たちが、脱出の願望をこめてシャボン玉をとばす。

ところが、シャボン玉は屋根までとんでも、塀《へい》の外へ出る前にはじけとんでしまう、というのである。

そんな辛い背景があるなどとは思いもせず子供時分無心に遊んでいた。一緒に鬼ごっこに隠れんぼうに飯事《ままごと》。男の子の遊びの定番は独楽《こま》回し、チャンバラ、めんこ(ぱっちん)、剣玉だった。女の子はお手玉、お弾《はじ》き、綾取り、ゴム跳び、縄跳び、鞠《まり》つきなど。石蹴りもあった。それにしてもゴム跳びは奇妙だった。あれで本当に「跳んだ!」と言えるのだろうか、不思議だった。つっつっつっと走り寄ったかと思うと後ろ向きに身を翻《ひるがえ》し、片足でゴムを引っ掛けて「跳んだよ〜」と称していた。

昭和三〇年代、縁側で姉さん達と歌っていたお手玉歌、「一列らんぱん破裂して　日露戦争始まった　さっさと逃げるはロシアの兵　死んでも尽すは日本の兵。」を思い出します。（文理卒・Hさん）

Hさんは、前書に書いた、「鳥取県智頭町の町議会選挙での『おから』票は、『おかだ（岡田）』票だったのではないか。」の件《くだり》を読んで手紙をくださった。山口県の父親の実家に東京から引っ越し、近所のお姉さんたちと歌ったお手玉歌だとおっしゃる。これ、川崎洋氏の『日本の遊び歌』（新潮社一九九四年）に載っている歌とそっくりである。東京の歌だった。手鞠歌だとも聞く。

一列談判破裂して　日露戦争あいにくに　サッサと逃げるはロシアの兵　死んでもつくすは日本の兵　五万の兵を引きつれて　六人残して皆殺し　七月八日の戦いに　ハルピンまでも攻め入って　クロポトキンの首をとり　東郷大将万々歳　（東京）

[d]→[r]の子音変化で「談判」を「らんぱん」と発音する。ダ行音からラ行音への交替現象である。Hさんと同じ山口県出身の学生は、子供の頃に「おうらんほろう（横断歩道）」や「れんしゃ（電車）」などと普通に言い、兄も言っていたなどと答えてくる。私も、学生時代に福岡市内で見かけた看板「か

ろのうろん(角《かど》の饂飩《うどん》)」を懐かしく思い出す。訊くと、「元気で営業していま〜す。」とのご返事だった。「だいしゅん(来春)」「どーそく(蝋燭)」など、逆方向の[ɾ]→[d]に子音変化させる地方もある。

(4) つくつく法師

前書に少し「つくつく法師の鳴き声の聴き取り」について書いていた。Kさんは、「梶井基次郎も、つくつく法師の鳴き声を、小説『城のある町にて』の中では二通りに聴き取っています。」と教えてくれた。彼女の「日本語を捉えるアンテナの感度」はなかなかのものである。

梶井基次郎は、『城のある町にて』の中でこんな風に書いています。彼はつくつく法師の二通りの鳴き声をちゃんと聴きわけていたということでしょうか。

次つぎ止まるひまなしにつくつく法師が鳴いた。…聞いてゐると不思議に興が乗つて來た。「チユクチユクチユク」と始めて「オーシ、チユクチユク」を繰返へす、そのうちにそれが「チユクチユク、オーシ」になつたり「オーシ、チユクチユク」にもどつたりして、しまひに「スットコチーヨ」「スットコチーヨ」になつて「ヂー」と鳴きやんでしまふ。

(人文・Kさん)

つくつく法師の鳴き声は多くの地方でツクツクオーシ系に聴き取られる。ただ、関東辺りの人たちは前後の音(要素)を転倒させたオーシーツクツク系に聴いており、ほとんどの国語辞書も「オーシーツクツクと鳴く」と説明している。摩訶不思議なことである。

梶井は大阪に生まれた。小学生の時に東京に転居し、高等小学校と中学校の一時期は鳥羽で過ごし、中学三年生の時に大阪にもどってきた。その後は京都の高等学校で学んでいる。作家となって伊豆の湯ヶ島に滞在したり……。夏目漱石は、『吾輩は猫である』で、「猫」の口を借り、「あれはおしいつく〳〵と鳴くのか、つく〳〵おしいと鳴くのか、一体どちらが正しいのか」と言わせていた。漱石には四国松山と九州熊本での居住歴がある。鳴き声の二通りの聴き取り方に気付き、「これはおもしろい」と思って書いたのではないか。梶井の右の履歴を見ると、どこかでその両方の聴き取り方と接触していそうだ。Kさん紹介の一節は、梶井が独創で書いたのか、『吾輩は猫である』の一節に共感して書いたのか。そこは藪の中である。

古い文献に載っているつくつく法師に関わる用例の一、二を挙げてみよう。

蚯蟟　…和名久豆久豆保宇之　八月鳴者也　(『伊勢二十巻本和名類聚抄』(934頃) 巻一九・一九オ)

やのつまに、つく〳〵ほうしのなくをきゝて
我宿のつまはねよくやおもふらん　うつくしといふむしそなくなる
(『大弐高遠集』(1012頃) 一一八)

最も古い語形は、『和名類聚抄』(平安時代中期の漢和辞書)に載るクツクツホウシである。『本草和名』(918頃)下巻・一七ウ)にも同じ見出しで「八月鳴者」と注する。その後、クツの、クとツの音が前と後ろに二回続けて入れ替わり、ツクツクホウシ(『大弐高遠集』)の名が出来てきた。実際の鳴き声もその名前の通りに聴き取っていたものと思われる。語中にあるホウシのホの音が弱まってヲウシと発音され、さらに弱まってオウシ、同化してオオシ、続いて長音化してオーシ、これでツクツクオーシと鳴くようになった。そこから再度転倒した聴き取り方が関東地方のオーシーツクツクである。

(5)　ふたたびの小町盛

理学部のK教授から、前書に書いた「そうはイカのきんたまとは何か。」や「ご飯の盛りの大、小はどう呼ぶのが良いか。」をめぐって、二通もメールが送られてきた。数学がご専門だが、文系の学問にも明るくて博識な方である。日本語には結構うるさく一家言ある愉快な先生である。

「そうはイカのきんたま」は、東京で私より半世代から一世代上の人たちが使っていた「恐れ入谷の鬼子母神」、「草加、越谷、千住の先(草加の先は越谷、春日部)」、「とんだところへ北村大善」、

「当たり前田のクラッカー」などといった地口《じぐち》より多様で、完成度は上のような気がします。（理・K教授）

「弁慶盛」、「小町盛」とくると、桂文楽がよく枕に振っていた「弁慶と小町は馬鹿だなあかかあ」という川柳？　を思い出してしまうのは、私の品性の無さのなせるわざでしょうか。大盛りが「弁慶盛」と来れば、ご飯のSSは「静盛」を提案したいと思います。（理・K教授）

大学の評議会の雑談の席で話題に取り上げたのが引き金だった。「そうはイカのきんたま」には、「東京の粋《いき》な地口よりも出来が良い。」と折り紙を付けてくださった。だが喜ぶのはまだ早く、後に提案が続いていた。「ご飯の極小盛のSSは小町盛より静盛《しずかもり》と言った方がぴったり。」とおっしゃる。これには脱帽である。確かに、前書で私は「ご飯のLLは弁慶盛が良い。」と言った。ならば「SSは小町盛より静盛でなくっちゃ。」なのである、ご覧になったNHKの大河ドラマ『義経』から発想されたようだ。実は、小町盛を発案して得意絶頂だった時、ある学生が、「昔の美人はふっくら太め、小町盛では大盛の意味になりませんか。」と反論してきた、「成る程、それも一理あるな。」と気になっていた。静御前は華麗に舞い踊る白拍子である。静盛と呼べば、まず「丸くて太め」の女性を思い浮かべることはない。

(6)　声・ことばの差

電話に出るとき、うちの母親はかなり声が高くなります。子どもを叱っている最中に電話がかかって来たときでも、何ごともなかったかのように声が高くなり、気のせいか少し笑顔にもなります。反動が怖いのですが、昔から母親を見ていて、私はああいう風にだけは絶対なりたくないと思っていたのですが、気づいたら私も同じようになって、弟から「なに、その声」とよく言われていました。だから一時期地声で電話に出るように心がけていたら、友達に、「ごめん、今悪かった?」とか「声、暗いよう」と言われてしまいました。（人文・Tさん）

携帯電話にかかってくる非通知や知らない番号の電話に対しては、少し声が低くなります。相手が見知らぬ人だからでしょうね。多分警戒してそうなる。（人文・Tさん）

上位の人や異性といった気になる相手からの電話には、「身内ではない、余所《よそ》の人だ。」という気持ちが働いて緊張し、声は高くなり裏返ることもある。そんな母親を見上げて思うTさんの気持ち、「反動が怖いなあ。」はよく分かる。「あんな風にだけはなりたくない」気持ちもまた分かる。私は、父が好きだった「酒、煙草、パチンコ、麻雀…」には手を出さずに来たが、「親の言うようにはならないが為《す》るようにはなる。」と言う。生き方云々の重い話ではないが、今からでも気をつけよう。

素性が知れない相手から掛かってきた電話の場合は、警戒し、身構えた低音の「モシ、モシ」で威嚇する。振り込め詐欺の被害が一向に跡を絶たない。私も、家族同士で暗証番号や「山」「川」以外の(ありきたりでない)合い言葉を決めて犯人に対抗しようと思い、電話口で「今か、まだか。」と手ぐすね引いて待っているのだが、ベルはなかなか鳴らず残念である。

実家に電話する。電話に出てきた母親の声、最初のうちの気取った高音の「モシモシ」が、一転、低音の「なあんだアンタねえ〜。」に変わる。家族の一員で思い通りになる娘からの電話だと分かって急変身する。緊張が解け、力が抜けて声帯は緩み加減になる。我に返って普段通り上から見下ろし、次第に声が低くなる。その姿は、ピンと皮を張った太鼓もネジを緩めて叩くと低音になる、あれと同じだ。左はその逆の「低→高」のケースである。

> 母と電話で言い争いになり、最初「あんたね」と低かった母の声が急に高くなってきたら、「勝ったあ、やりこめてやったあ!」と思っていいのですね?
>
> (人文・Aさん)

Aさん、丸々の正解だ。娘に切り返され母親の心は千々に乱れる。緊張から声は上ずり高音で早口にもなる。負けないぞと突っ張る。前書にも似た質問カードがあった? やはり母娘《おやこ》の綱引きは難しい。

女性の中には意図的に高い声を出している人がいます。それは、男性としゃべる時だけ猫なで声を出す「ぶりっ子」という生物です…。そう言えばわたしも時々高い声を出します。それは気分によってなんですが。もしかすると、深層心理で、「かわいく見られたい」という気持ちが働いているのかもしれません。そんな自分のことを「気持ち悪い」と思います。（人文・Iさん）

Iさんは、「高音になるのは上位の人や異性などを相手に緊張した時だけじゃない。」と言う。ご用心。『笑点』で聴いた三遊亭好楽さんの話には思わず笑ってしまった。嫁入りする娘が感極まって「お父さん、お世話になりました！」と言う。妻も続けて一言「お父さん、お世話になりましたっ。」、こちらは無情な最後通告でこれ以上無い低音である。同じ家を出るにしても天と地の違い。教会のウエディングベルの澄んだ響きと山寺の陰に隠《こも》った鐘の音、そんな差である。

（7） 言葉の男女差

人のしぐさにも男と女で差が出る。道を譲られて運転席で会釈する。そんな時、男性は「アリガトサン！」と片手を挙げ、女性は「すみませんねえ……」と頭を下げ加減に、体も幾分か屈《かが》める。心優しい男性や勝ち気で男勝りな女性も居てそうは割り切れないかな。片手運転が平気か不安かといった運転の技量も関係するが、これは、「やっておきますわ。」の「わ」を、男性は強く主張する下降調に言い、女性は良いかどうかの判断を相手に譲る上昇調に言う、あの傾向の違いに似た話ではある。

小学生の時、私は自分のことを「オレ」と言ってました。さっぱりとした男の子のイメージにあこがれていたのです。去年、高一の妹も、友達同士で「オレ」と言っていました。「私とか使いんさいや。」と注意したのですが、「かわいっ子ぶりっこは嫌だ。」と言うのです。（経済・Kさん）

「言葉の後半を省略する」という、セオリーから外れたものをどう感じるか。友達のことを「ダチ」と呼ぶのは、「友」と呼ぶよりもイメージが悪い。でも、現代の若者ならではの友情表現で、「友よ～」とキレイに言うのは恥ずかしいといった感情もあります。（人文・Mさん）

二人は、言葉には、男女の間だけでなく世代や年齢によっても差が出ると言ってきた。

女子学生のKさん。小学生の時分は「オレ」と言ったが、成人した今では「オレ」を卒業し普通に「私」を使うそうだ。妹へ向けて「最近の若者は～」の気分になっている。

Mさんは、友情の籠った表現が「ダチ」だと言う。「ダチ」は「トモダチ」の前部要素※の「トモ」を省いて出来た語である。言葉の意義の多くは前半部が担っており、後部要素の「ダチ」だけ残されても周りの人には意味が通じない。それで、仲間内だけで分かり合う隠語になる。「ほら、あれよ、あれ。」の世界である。公的な感じのする「友」や「友人」、「友達」を使うのは堅苦しくて気恥ずかしい。この心理、どこか、「離婚経験」の重たさを避けようと「バツイチ」と軽く言い放つ、あの仲間内の心理と似通ったものがある。「♪遊びし友人《ともびと》いまいずこ」(『故郷の廃家』)、「♪なつかしい友の顔が」(『学生時代』)と歌っても違和感が無かった、そんな時代はもう遠くになった。

※前部要素…複合語を構成する前半部分である。後半部分が後部要素である。

若者が最近のテレビで流される乱れたことばを好んで使うのも、「その言葉は自分も知っているよ。」といった、彼らの仲間意識を高めるような目的があるのかもしれません。（人文・Kさん）

その第一候補に「まじ」が挙がる。四人の「まじ?」「まじ!」「まじっすかあ」「まじかよう」で会話が成り立つ。「これだけでは意味が分からないよ。」と言う人などはこの仲間に入《はい》れない。

Kさんは、次頁の質問カードの④を「若者の上手な言い訳」などではなく、傷つき易い年頃の女の子の胸の内だと言っている。今時の若者にただよう「良い子はいやだ。」の雰囲気である。格好良いことは格好悪い、浮き上がるのは危ない。目立ちたくなくて自分を平均レベルに落とすのだと言う。まるで、自分の姿を周りの色・形に溶け込ませる「擬態」のようだ。普段は、結構、正装・標準・お仕着せを嫌ったガン黒、モヒカン、腰パン、ローライズの短パンなどで目立っているのだが、一番自己アピールすべき肝腎の就職説明会になるとスーツの黒一色である。

「ハラへったメシ食いてー」と言ってしまう女の子の考えられる心理状況は、四つです。
①男友達が多くて常に聞いているうちに自分も男言葉になってしまった。
②周りの女友達の男言葉を聞くうち自分にもそれが移ってしまった。
③「ハラへったメシ食いてー」が常態語化しつつある。
④そこそこかわいくお嬢様と見られがちな子で、そう見られたくなくて、自分を格下げしようとしている。
特に④。微妙な女心で、容姿が良く頭もまあ良かったら、言葉遣いを悪くして平均レベルに自分を落として目立たないようにする。
（人文・Kさん）

2　祭りだワッショイ

広島のT氏も手紙をくださった。彼のイタリアの友人が、祭りで飛び交う囃《はや》し言葉のソーレ、それの由来を知りたいそうだ。『日本語講座』シリーズも大分国際的になってきた。

お祭りのお囃子や御輿《みこし》かつぎの時に言う「ソーレッ」という掛け声。イタリアの友人に、「あれは何と言っているのか」「どんな意味なのか」とたずねられました。「ソーレ」はイタリア語では「太陽」です。関係がありますか。「ヤーレッ」と合わせて由来を教えてください。（広島・T氏）

ソーレとヤーレは感動詞である。ソーレは、人を誘い注意を促《うなが》し呼び掛ける時に使う。原形はソレで、繰り返すソレソレや延ばしたソーレで意味を強める。一方のヤーレはどうか。ヤは、勢いよく何かをする時に出す掛け声、歌謡などの囃し言葉である。ヤの例が鎌倉時代の辞書の『名語記』にある。感動詞のアレを続けて「ヤ、アレ」、融合してヤアレ、縮めてヤレが出来たと考える。ヤレヤレと繰り返しヤーレと延ばして意味を強める。融合したヤアレから直接に長音化させるヤーレの道筋もあるか。左の例は、つくづく「ソレ、アレ、ヤレ、コレ、みな感動詞だ〜」と思わせる。ソーラン節のヤーレンソーランは、元の形はヤレノソレノか。富士谷御杖の編んだ辞書『詞葉新雅』(1792)は、「注意を促して呼ぶ言葉」としてヤレノウを挙げている。佐渡島や山口県他で「急がせる様」を表すヤレソラは他人の空似だろうか。

叉手《シャス》シテ頭《クビ》ヲ伸《ノベ》テ、子息四郎ニ、「其討《ソレウテ》。」ト下知《ゲチ》シケレバ、大膚脱《オホハダヌギ》ニ成《ナツ》テ、父ノ頸ヲウチ落《オトシ》テ…

(『太平記』(一四世紀後)巻第一〇)

中納言、「よげになりにたり。たゞ、さすれ。それ〳〵」とありければ、聖、「さま悪《あ》しく候。今《いま》はさて」といふを…

(『宇治拾遺物語』(1221頃)巻一ノ六)

ウタヲウタヒイタスハシメニ　カナラスヤトいイタセル

(『名語記』(1275)巻第二)

すけんぞめきは阿波坐《あはざ》の烏《からす》、ソリヤサ、かわい〳〵もヤアレかうしさき、ヤアとこさ、ヨウいとなア、ありや〵こりや〵、コノなんでもせ。

(『東海道中膝栗毛』五編・追加)

さて又それもおめでたい　かさね〴〵のめでたさをこれから拍子《ひやうし》でやつてくりよやれこれ拍子《ひやうし》でたんのむぞい

(『浮世風呂』(1809–1813)二編巻之下)

感動詞には表情音（あっ、えっ他）から進化した語が多いが、異なる品詞から転じて仲間入りした語もある。コレ、ソレ、アレ、ドレなども元をたどれば指示代名詞である。

表情音からの進化……あー、おー、うん、はー、ひー、やー、わー等々（表情音から出た故、Ah、Oh、Alasなど他国語にも類似のものがある。）
名詞からの転……畜生、くそ、くそったれ（「たれ」は動詞「垂れる」の連用形）
指示代名詞からの転……これ、それ、あれ、どれ
動詞（動詞＋助動詞）からの転……もしもし（しまった）

（松村明編『日本文法大辞典』（明治書院　一九七一年）を要約、一部加筆した）

実家に帰ると、小倉（北九州市）の祇園祭りでは「ヤッサ、ヤレヤレ」の掛け声を聞きます、あれは何ですか。『無法松の一生』と結びついてとびっきり元気がいいです。

（農・S君）

心の種の笹舟《ささぶね》に、情《なさけ》の上荷《うはに》はねられて、思ひは沈むヤツサ。やつさ〳〵の空艪《から》の音も、耳に、悲しく遠ざかる。

（『薩摩歌』（1711頃初演）下之巻　源五兵衛おまん夢分舟）

ヤッサのサは、ヨイサ、ホイサ、イヤサ（お富）、ドッコイサなどのサ（感動詞）と同じものではないかと思う。『浮世風呂』にヤレコレの例が出ていたが、ヤレの下にこのサを続けてヤレサが出来上がる。詰めて促音形のヤッサにすると、S君の言う「とびっきり元気な掛け声」になる。北九州市の小倉の祇園祭では、ヤッサと言って勢いをつけ、ヤレヤレと囃し立てて一体感を味わっている。広島県三原市他の各地の「やっさ祭り」にやっさ踊りがある。「大勢が寄り集まり、騒がしく何かをし合うさま」がヤッサモッサで、ヤッサワッサにもなる。

この話を紹介すると早速Yさんが質問してきた。何とまあ、色々よく思い付くことだ。

突然気になりだしました。「おみこしわっしょい」の「わっしょい」には何か意味がある？

（人文・Yさん）

Vasauasato. 元気で、てきぱきとして、楽しげな様子、または、物事をそのようにする仕方。

（『日葡辞書』（1603–1604））

Vassarito. 副詞。騒ぎ立てるさま、または、何事かを祝うさま。

（『同右』）

ワッショイの語源については諸説があるが、私は、大勢の人や物などが集まって醸《かも》し出す気分・雰囲気・状態を表すワとサ(共に感動詞)を複合させたワサが起源だと考える。繰り返してワサワサ、促音を入れて詰めてワッサ、これも繰り返してワッサワッサとする。「ドッコイサ↓ドッコイセ↓ドッコイショ」と並行的に、ワサに始まって「ワッサ↓ワッセ↓ワッショ」と変化し、その先にワッショイが出来てくる。「ヨイサ↓ヨイセ↓ヨイショ」の変化もある。ワッサの下に接尾語のリを付けて副詞のワッサリ、ワッサリトが出来てくる。前頁のキリシタン語学資料の『日葡辞書』を見ると、見出し語のワサワサト、ワッサリトの下のポルトガル語訳は、「大勢《おおぜい》が重たい御輿などをかつぐ時に出す掛け声」を念頭に置いて付けてあるようだ。

御輿かつぎの掛け声にもう一つソイヤというのがある。元の形はソレヤで、ソレ、ヤ共に感動詞である。浅草の三社祭などでよく飛び交っている。「ソレヤ↓ソリヤ」([e]↓[i]の母音交替)と変化した後で、さらに「ソリヤ↓ソイヤ」(子音[r]の脱落)と転じて出来上がった。この変化の過程と同じ姿が、鹿児島、長崎、佐賀他の諸方言に見られる「オレー(俺)↓オリー↓オイー」などである。長崎出身のEさんが寄越してきた質問カードはその変化を裏付けている。ソイヤ(ソイヤサ)の西口本版が、ホレヤ(ホレヤサ)から転じたホイヤ(ホイヤサ)である。

講義を聞くと、方言の母音交替の多いのに気づかされます。例えば、「それは俺がするから、おまえはあれをしろ。」は、長崎弁では、こういう風に言います。

そいはおいがすっけん、わいはあいばせろ。
四つとも、「それ」「おれ」「われ」「あれ」からの「れ」→「り」→「い」の変化です。標準語だと硬い感じで言いにくいのですが、方言だと流れるようにスラスラ口に出ます。（人文・Eさん）

鹿児島方言の代表選手がオイドンである。オレドモ（ドモは謙遜の接尾語）が原形で、[e]→[i]と母音交替し、続いて[r]子音が脱落する。「オレドモ→オレドン→オリドン→オイドン」と変化した。ドモは音便化してドンになる。あの西郷さんの口癖が「おいどんが～」である。

中野翠氏は※、この頃耳にするソイヤよりもワッショイの方に愛着を感じるそうだ。ソイヤ（[soija]）からは、連母音の[oi]の部分が融合したセーヤ（[se:ja]）も出来てくる。「クロイ（黒）→クレー」変化と同じ足取りである。そう言えば、最近はセーヤセーヤの掛け声がよく聞かれるような気がする。ソイヤを許せない彼女にはセーヤなどは以《もっ》ての外《ほか》、論外だろう。この中野氏の証言と『東京風俗志』（原書房一九六八年）の記述から考えると、少なくとも明治時代の東京の祭りの掛け声はワッショイだったようだ。美空ひばりの『お祭りマンボ』（一九五二年）あたりまでは、「神田のおじさん」もワッショイと言っている。

東京の祭りはワッショイワッショイだ。そいやーなんて掛け声は許せない。

（中野翠『サンデー毎日』二〇〇六年八月二〇日〜二七日号（毎日新聞社））

大方半纏または単衣などを一様に整へ、三四十人も群がりて神輿を肩にかけ「わッしょい〳〵」のかけ聲を放ち、揉み上げ揺り上げ、舁ぎ廻ることとなるが…

（『東京風俗志』上・第四章・祭禮）

※連母音…二つ以上の母音が連続すること。母音連続とも言う。

3 「ポン太とポコ」で白熱

左のY君の質問カードを皮切りに、さまざまな意見が講義室の中を飛び交った。

サークルで国立山口徳地青少年自然の家に泊まったのですが、施設のパンフレットやチラシにタヌキの絵があり、その名前が「ポン太とポコ」なんです。これはなんなのでしょう。（人文・Y君）

サークルの活動で「山口徳地青少年自然の家」に宿泊し、そこでイメージキャラクターの「ポン太とポコ」を見つけた。二匹の可愛い狸の名前が、腹つづみの音（ポン、ポン）から連想される「ポン太とポン子」ではなく、ちょっとひねった「ポン太とポコ」だったと言う。

どうしてそう呼ぶのか。「これ分からないね、皆さんも考えてみましょう。」と宿題にした。予想した通り、質問カードがどっさりと返ってきた。あまりに数が多いので少し集約して挙げてみた。左は各人それぞれの「ポン太とポコ」の解釈である。よくもまあ思い付くものである。

Y君が言っていた狸の名前、「ポン太とポコ」を丁寧に板書せずに「宿題！」と宣言したのか、「ポン太とポ子だな。」と間違えてしまった者が多かったが、みなどれも発想はのびやかである。

「ポン太とポ子」は擬音語の「ポンポコポン」からきている。本当は「ポン太とポンポ子《こ》」にしたかったのでは？　スタジオジブリの映画の「平成狸合戦ぽんぽこ」を思い出します。

（人文・Mさん）

「ポ子《こ》」を「ポン子」にしないのは、なじみがないからだと思う。「子」の前に「ン」が付くのは、名前としてはあまり見かけないような気がします。これに対し、「太」の前に「ン」が来るのはいくつかあります。例えば、寛太、金太、健太、源太、三太、文太です。

（人文・Yさん）

タヌキと言えば「ポンポコ」という感じがします。それで、「ポコ」の「コ」が漢字の「子」になったとしても分かる気がします。「ポン太とポン子」では「ポンポン」となり、タヌキっぽさが薄れます。「コ」に「子」を「タ」に「太」を当て、メスとオスを表したかった。

（人文・Oさん）

「ポン太とポ子」は、長さも語感も変え、リズムがあって今はやりの個性化でしょう。「ポン太」

と「ポン子」ではありがちと考え、「ポンポコ」の「ポコ」のところを「ポ子」にしたのでは。
（人文・Mさん）

彼らのこだわりに圧倒され、「このままじゃいかん、格好がつかんぞ。」と思って、こっそり、名付けた当のご本人（山口徳地青少年自然の家職員・M氏）から答えを聞き出して、出て来そうな新たな質問に備えて用意万端整えることにした。左の枠内がその答えだった。丸々の正解は無くて近いのはOさんのカードである。他の人もそれなりにM氏の着眼を見抜いている。狸はポンポコポンとも腹つづみを打つし、前半部（傍点部）は、アニメーション映画の題名『平成狸合戦ぽんぽこ』の中にも見えるから、ポンとポコの取り合わせに違和感は無さそうだ。「ポン太とポ子」でも悪くはない。

狸の打ち鳴らす腹鼓《はらつづみ》の音のポンポコポンの、「ポコ」の部分をメスの「ポ子」に当たる名前に仕立て、「ポン」の方に、オスを表す代表的な接尾語の「太」を付けて「ポン太」にしました。
（国立山口徳地青少年自然の家職員・M氏）

ポン太とポコ
（イラスト提供：国立山口徳地青少年自然の家）

4　根掘り葉掘り？

中世の大内文化の薫りを今に残す町、山口市。私も学び、教えた「山口大学」はその郊外にある。「松下村塾で中也に会おう」、そんな合格電報があったら楽しいなと思った。一時期全国第二位のキャンパスの広さを誇ったが、文部科学省の文書記号はつれなく「口大《くちだい》」だった(口大《ぐちだい》ではない)。瞳《ひとみ》をこらすと、遠く、森鷗外ゆかりの島根県津和野町と結ぶ「黒煙を吐いて走るＳＬ」の姿が見えた。三六年間、一〇〇人から三〇〇人ぐらいまでの学生を相手に日本語学関連の講義を続けてきた。

授業に出ている姉のＴさんの質問カードに託す形で、その弟さんが質問をしてきた。家に帰って、家族に「大学でこんな授業やっているのよ。」と話題にしてくれたのだろう。

弟が、「『根掘り葉掘り』の根を掘るは分かるが、葉を掘るのはなぜか。」と言ってました。

（人文・Tさん）

根掘り葉掘りは、『日本国語大辞典 第二版』（小学館 二〇〇一年）に、「①根本から枝葉にまでわたって。何から何まで全部。残らず。すっかり。②しつこくこまごまと。すみからすみまで徹底的に。しつこく尋ねるさま。うるさく詮索するさまなどにいう。」と定義されている。

後半部分の「葉掘り」表現は理屈に合っておらず、そこに実質的な意味は無い。

言葉の続き具合・調子（語呂）を合わせて洒落る手法の一つに、「ある語句に対して、似た言い回しながら、実質的な意味を持っていない表現を添加する」がある。「短気は損気」「雨が降ろうと槍が降ろうと」「ちょっと（ちっと）やそっと」等々である。敢えて言い添え、そうして句全体の意味を強く言い表す。思うに、根掘り葉掘りもそれに類する表現なのではないか。

逆転させた形の「葉掘り根掘り」は言わない。そこが肝腎な点で、「損気は短気」「槍が降ろうと雨が降ろうと」も言わない。要するに、「短気」あっての「損気」、「雨が降る」あっての「槍が降る」、そして、「根掘り」あっての「葉掘り」なのである。もちろん、「葉掘り」単独では言わない。

一方の「根掘り」単独の例はある。そして、似た取り合わせの単独の「根も無い」も言う。

一代京へ繋《つな》がれて、連添《つれそ》ふことも限《かぎ》りとは、根掘り知つての上なれば、如在《じよさい》のあらうはずもなし。

（『心中重井筒』（1707初演）中之巻）

注カ多ケレトモ。根《子》モナイ詞《（コト）》ハト云ッ心ソ。ドコカラトモ不ㇾ知云ヒ｜出スソ。

（『寛永十五年版蒙求抄』（1529–1534）五）

それでは「根掘り葉掘り」とは一体何なのだろうか。

「根元まですべて」の意で「根掘り」と切り出す。「根」との縁で「葉」を連想し、その下に同じ「掘り」を続けて「根掘り葉掘り」を作り出す。それで、「大元にあたる根から枝葉末節の葉に至るまで、すべて」、つまり、「根拠や事実を何もかも洗いざらいにする」といった強調表現に仕立てる。これと似た取り合わせの言い方がある。『醒睡笑』（江戸時代初期の咄本）の「根も葉もをりない」（そう言える根拠や事実が何も無い）である。「根～葉～」の形をとって、強く「何もかも～する」「何も無い」の意を表している。

ねぼり葉ぼり芋名月の詠哉〈住房〉

（『崑山集』（1651）一〇・秋）

菅丞相の所縁《ゆかり》と有《あ》レば。根《ね》堀《ほり》葉堀絶《たや》さん迚鵰《とてう》の目鷹《たか》の目。油断ならぬ讒者《ざんしや》の所為《しけざ》。

（『菅原伝授手習鑑』（1746初演）三）

酒をのミのませけるが、立て行さまに、さきの腹立ハ、たがひにねもはもをりないと。

（『醒睡笑』（1623）七）

方言にも、「何もかも〜する」の意を表した「根」と「葉」のセットがある。例えば、広島県高田郡や島根県出雲地方等のネカラハカラ、新潟県佐渡島、香川県三豊郡等のネキリハキリなどである。

江戸時代初期の俳書『毛吹草』の一例は、「根掘り葉掘り」とは何なのかを考えさせて面白い。そこに、「葉」は枝葉末節にすぎず大切なのは大元の「根」だという発想が見えている。

はをかいてねをたつな
（『毛吹草』（1638序）二）

要するに、先に挙げた、貞門派の最大規模の俳諧撰集『崑山集』や浄瑠璃『菅原伝授手習鑑』の「根掘り葉掘り」は、同じ『心中重井筒』に見えている「根掘り」が表す意味をさらに強めた言い方であり、『醒睡笑』の「根も葉もをりない」も、先の『蒙求抄』（漢籍、仏典、国書などを注釈した講義録）に載る「根モナイ」の、その表す意味をもっと強めた表現なのである。

根はいっぱいに広がっています。葉も葉脈が細かく広がっています。で、物事をくわしく聞くことのたとえとして根や葉を思い浮かべて言い換えようとした時に、「葉も上皮をはがせば葉脈が見えやすくなる」と思い付き、「根掘り葉掘り」にしたのだと思います。
（経済・N君）

N君は理詰めに攻めてくるが、その思い付きは当たっているだろうか。

驚き　桃の木　さんしょうの木　たる木に　ブリキに　陸蒸気(広島県)
あたりき　しゃりき　うんこのき　しょんべんたれても　うんちっち(大阪)

(川崎洋『日本の遊び歌』)

「根掘り葉掘り」は、「似た構成の語句を繰り返すことば遊び」起源の物言いである。川崎氏の『日本の遊び歌』が挙げた右の二例も、「驚き」「当たりき」の「き(りき)」にこだわり、末尾に同じ「き(りき)」音が来る語句を並べて調子(語呂)を合わせ、その響きを面白がっている。今の広島県では、古い言葉の「陸蒸気《おかじょうき》」は「蓄音機《ちくおんき》」(これも見かけなくなった)に言い換えられ、「たる木に」も「タヌキ(狸)に」と呼ぶことが多いようだ。伝えたい内容は「驚き！(驚いたよ)」「当たりき！(当たり前だよ)」だけなのだが、意味の繋がりは二の次にして、「～き(りき)」構成の語句を畳みかけて強調表現に仕立て上げていく。この話を聞いて、宮崎県出身のY君は別途、「はげ頭を〝はげっぱ、つるっぱ、つるっぱ、ヨーロッパ〟とよく友達と言い合った。」ことを思い出していた。「ぱ」を三回も繰り返すのだが、その気になればまだもっと続きそうだ。

フーテンの寅さん(映画)の口癖は、「けっこう毛だらけ猫灰だらけ、お尻のまわりはまっくろけ(糞だらけ？)」だった。「～け(だらけ)」構成の語句(毛だらけ、灰だらけ、まっくろけ)を繰り返す。「はいはい分かりましたよ、それはそれは結構なことですね。」で、言いたいのはただ一言の「結構」なのである。友人のF君と私は大学時代そんな言葉の遊びを楽しんでいた。一九六〇年代後半、母校のキャンパスが市の中心部から移転した。彼は、その郊外の所番地を、自嘲的に「山口市大字ど田舎、字辺鄙」と言っていた。山口市街の「温もり」が恋しくて仕方なかったのである。

「花いちもんめ」で盛り上がってました。「勝って嬉しい花一匁、負けて悔しい花一匁、あの子がほしい、あの子じゃ分からん、……相談しましょ、そうしましょ、あばよ、かばよ、ぶーぶーちょんよ、べー」。「あばよ、かばよ」は語呂合わせですね、「根掘り葉掘り」と同じだ。

（人文・Kさん）

私が幼いころは、「じゃんけんもってすっちゃんほい　あいこでアメリカヨーロッパ　パリは名高い大都会　インドの国は暑い国……」と言っていたと思います。同じ「あ」を並べたり、尻取りをしたりしただけのような気がします。

（人文・Sさん）

小学生の時に国語の教科書できちんと習いました。言葉遊びのような単元でした。「じゃんけんじゃがいもさつまいも　あいこでアメリカヨーロッパ　ちっけった　しゅっしゅっぽ　はーぜっせじゃらけつぽん　ほんちんほい　あらちゃちょい　じゃこんのち　ちゃろーえす　きっきっぱ　じゃすこんべー　じっけっせ　いーじゃんでほい　じゃんけぽっぽほい　じゃんけんざらめがすりき

ったりーしゃった　えいさーほい　どんちーほい　えっとう！」。そらで言えます。

（人文・Mさん）

学生から、子供の頃のことば遊びに熱中していた思い出が次々と寄せられてきた。特に、Mさんの一文は、その日の授業終了直後に提出したものであり、自宅に帰り教科書を読み直して書いてきたものではない、即答なのである。「じゃんけぽっぽほい」は「じゃんけん…」かな。大学生になってもその「すべてを空《そら》で言える」記憶力の良さには驚かされる。まだ柔らかい子供の頃の頭に言葉がリズムと一緒に浸みこんでいく。特に女の子はこの手のことば遊びが大好きで、得意でもある。お手玉や鞠つきをしながら、近所のお姉さん方から口移しで覚えたこともあったろうか。もしかすると、良い意味での〝オタク〟なのかもしれないが……。ふと私も、昔、そんな「女の子がよく遊んでいた鞠つき」を思い出した。彼女たち、本当に上手に鞠をスカートの後ろの中に抱え込んでいたなあ。

先ほど取り上げた川崎氏の『日本の遊び歌』の中でも、尻取り遊び風のじゃんけんの歌に、「じゃんけんじゃがいもさつまいも　あいこでアメリカヨーロッパ　パイのパイのけんぶつにん　ニンニンにくやのおおどろぼう」（福岡市・太宰府市）が紹介されている。

話を元に戻そう。川崎氏の挙げる遊び歌の中に、「根掘り葉掘りとは何か」を考えるヒントがあった。

それがどの地方の歌なのか、そのあたりはどうも判然《はっきり》としないのだが、「根っきり葉っきりこれっきりかみきりかんきりこれっきり　はっきりしゃっきりこれっきり」と言っている。「悪いことや困ったことに見舞われた後で、もう二度とこんなことがないようにと思い切る『おまじない』……」に歌われているそうだ。三回繰り返される「これっきり」（実線部）、そして、その「これっきり」の直前には、決まって、「これっきり」とは縁《えん》もゆかりもない「根っきり葉っきり」、「かみきりかんきり」、「はっきりしゃっきり」が置かれている。「きり」（点線部）が下に付く語句をジャブのように繰り出す。言いたいのは「これっきり」だけ、その他《ほか》は、ただ、語句の調子（語呂）を合わせてくっ付けたにすぎない。

この「根っきり葉っきりこれっきり……」を見つけ、「これだ！」と思った。ここにも「根っきり」と「葉っきり」のセットがある。ならば、「根掘り葉掘り」表現も十分に成り立つのではないか。

5　代表選手は「ぽち」と「たま」

（1）「ぽち」とは何だろうか

気になっていたのですが、犬と猫の名前のポチとタマ。これいつ頃から使われているのですか。ポチは仏語のプチからきている？　タマの方は日本語っぽいですよね。（人文・Iさん）

犬好きを自負してきた私だったが、突然の予想もしない質問に虚をつかれた。馴染みの犬と言えば、戦前の国語教科書にもあったシロ(従ってクロや野良クロ)、渋谷駅の忠犬ハチ公、南極基地で越冬したジロとタロなどだが、一昔前にはポチも多く見かけ、結構「歩けば棒に当たっ」ていた。童謡『はなさかじじい』では裏の畑でポチが啼き、さだまさしの『関白失脚』でも主人公が「昨日のカレーをポチと一緒に食べ」ていた。
『日本国語大辞典 第二版』は、ポチの項の補注欄でその名前の由来を三つ考えている。

(イ)英語でspotty(ぶち犬の意)
(ロ)米語でpooch(俗語、犬の意)
(ハ)フランス語でpetit(小さい意)

(イ)のspottyは毛の色が斑《まだら》なぶちの(斑点のある)犬。(ロ)のpoochは犬で、特に雑種犬という意味か。ポチの意味や受ける音の響きでは、(ハ)の「小さい」の意を言ったpetitが一番近そうだが、平山豊氏(フランス文学)はおもむろにこうおっしゃった。

petitは可愛くて小さい様という意味だが(プチトマトなど)、これを犬のポチの語源とするのは、日本語の「暴利」の語源をフランス語のboler(ぼろもうけする)に求めるのに似て早計かもしれない。「音の偶然の一致」もあり得るのではないか。

日本語読みすると、(イ)はスパッチかスポッチ、(ロ)はプーチ、(ハ)はプチだろうか。プチはポチにも聞こえるか。英語のpetitも「小さな」の意だが、発音はペティに近いかな。「ささいな、取るに足りない、つまらない」などの意味のpettyも、音はそれに似ているようだ。

私は、「小さい」や「斑な点」の意を表すポチは古くからあった日本語だと考えている。

犬は、奈良時代以前から家の周りを「喜び庭駆け回っ」ていた。平安末期〜室町期には、その語が、武士の騎射の練習用に行った「犬追物」にも見える。「伊勢屋稲荷に犬の糞」は江戸に多い。

布《ぬの》を白き犬《いぬ》に繋《か》け(布繋㆓白犬㆒)、鈴《すず》を著《つ》けて、己《おの》が族《うがら》、名は腰佩《こしはき》と謂《い》ふ人に、犬《いぬ》の縄《なは》を取らしめて(令㆑取㆓犬縄㆒)　献上《たてまつ》りき。　(『古事記』(712) 下巻)

垣越《かきご》しに　犬呼び越《こ》して(犬召越)　鳥狩《とがり》する君　青山の　繁き山辺《やまへ》に　馬休め君

(『万葉集』(八世紀後) 巻七・一二八九)

犬　…　尒雅集注云狗　…　和名恵沼又与犬同　犬子也　(『伊勢二十巻本和名類聚抄』巻一八・三九ウ)

このポチに負けず劣らずよく見かけていたのがコロやチビである。

コロは、イヌコロ(エヌコロ)、アンコロ(餡ころ)などの、小さくて丸くて転がるものを形容した接尾語(コロ)にも通じている(『日本国語大辞典　第二版』の「ころ(転)」の項を参照)、そして、擬態語にもなる。「子供たち」の意の「子ろ(「子ら」の転)」との関係はどうだろうか。江戸時代の後期に著された随筆集の『嬉遊笑覧』に出て来るコロも、やはり犬の名前だろうか。茨城、千葉、神奈川、長野、三重、奈良等の方言には、「子犬」を指したコロがある。

ゐのころがおや犬になるはぢぢやうで御ざ有（虎明本『狂言』(1642) 成上り）

狗を犬ころといふ犬《イヌ》子《コ》等《ロ》なり、また子等が犬を呼にころ〳〵といふ子等《ロ》来《ク》なり…「一休咄」にひるけの焼飯を取出し、犬にみせてころ〳〵と云ふ（『嬉遊笑覧』(1830序) 巻一二）

Chibi, iru, l, uru, 1) ita. 刀や小刀などの切っ先とか刃とかが損じいたむ、または、鈍くなる。特に、2)先端がすり切れたり、損じたりしたペン〔筆〕について言う。¶ Chibi fude. 先の損じた、鈍くなったペン〔筆〕。（『日葡辞書』）

チビとは何だろうか。右の『日葡辞書』の記述から、チビルは動詞で「物がすり減る」の意、その語幹部が転じたのがチビだと分かる。小さい、背が低いことを言う。犬の名前にもなる。日本人は、犬を「背丈の低い、人にまとわりつく忠実な小動物」とみなしてきた。小さくて可愛らしい。それだからこそコロと言い、チビと呼んできた。

さてポチとは何だろうか。ポチという名前も、「コロやチビと同様の、『小さな点』の意で付けられた」はどうか。ポチは、「これっぽっち」などの接尾語の「ぽち」（数量の少ない様）や、名詞の「ぽつ・ぽつ」（斑な点）、擬音語の「ぽちぽち・ぼちぼち」（水滴が落ちる「ぽつりぽつり」）などと繋がる語だと考える。同じ「ぽちぽち」が、江戸時代中期の『遊子方言』（洒落本）では爪弾《つまび》きの音を言い、後期の『春色梅児譽美』（人情本）では「少しずつ」の意で出てくる。そのあたりがコロやチビに重なり、ポチもコロもチビもみな日本語だと思わせる。「小さな点」は先ほどの（イ）の「斑な点」にも通じる。

Fochifochito. 副詞。細かな物が落ちるさま、または、物が砕かれて音を立てる形容。…
（『日葡辞書』）

眼をほちほちさせて（日をしばたたかせて）
（東京都八王子市方言）

新ぞう、けちな三味線にて、ぽち〱とひく。客、目のさめた顔
（『遊子方言』（1770）更の体）

ぽち〱とひろゐよみする梅《うめ》ごよみ花《はな》の香《か》かほれごひゐきの風《かぜ》
（『春色梅児譽美』（1832–1833）初編巻之三）

ぽち〱〔倭訓栞〕鳴榻暁筆鼠歌をホチ〱かぶるにくさよ、愚按、又點點を云因て雨露の雫るなとを形容して云本星々より轉じてポチ〱となれる也…
（『増補俚言集覧』（1899）下）

このかみにゃぽちついとる
（新潟県佐渡方言）

「ふぉち」が「ぽち」の原形だと考える。語頭の両唇摩擦音を同じ両唇の破裂音（半濁音）に替えると強め表現の「ぽち」になる。八王子市方言と同じ「目をしばたたくさま」を山形県などでは「ぱちぱち」と言う。それは、「われる（割）」を「ばれる」に変えて意味を強めるのに似ている。「わ」の［w］

は両唇の摩擦音、「ば」の［b］も同じ両唇の破裂音である。新潟、愛知、山口、高知等の方言に「小さな点」の意の「ぽち」がある。近畿や四国、広島他の方言でお年玉や少額の心付けを入れて渡す袋を「ぽち袋」と言う。上方《かみがた》で芸妓や茶屋女に与えるお祝儀の「ぽち」例が『傾城浜真砂』（歌舞伎）に見える。吹き出物の「ぽつ」は、「ぽち」と母音［i］［ɯ］間の相互交替関係にある語か。

そりや得心《とくしん》する様《やう》に、最前《さいぜん》ぽちが切《き》れてあるぢやて

（『傾城浜真砂』（1839 初演）三幕目）

「コロ、チビと繋がる小さな点の意を表すポチ」に惹《ひ》かれるが、「クロ、シロと繋がる斑《まだら》な毛の様を写したポチ」も捨てがたい。クロ、シロが居れば斑も居る、表記は平仮名の「ぽち」が似合う。

ポチは犬だが……犬以上だ。犬以上で、一寸まあ、弟…でもない、弟以上だ。

（『平凡』（1907）十）

二葉亭四迷の小説『平凡』には、片仮名で書いた「ポチ」が繰り返し出てくる。ポチの名前が『平凡』刊行の一九〇七年（明治四〇年）前後に流行した（あるいは初出だ）とすると、和語起源説の旗色が少し悪くなるが、奈良時代以前から日本人が身近で飼って馴染みにしていた小動物の名に、随分後の近代などに横文字外来語起源の語が横入《よこはい》りするものかなと思う。

ここでまた理系の先生がメールで登場してきた。M教授、物理学がご専門、私も敬服する揺るぎない信念の持ち主である。発想・目の付け所が違う。これだから理系の基礎学はあなどれない。

徳川綱吉の愛した犬の名は何かを知りたい。それがポチだとすると、ポチが徳川将軍家の威光を背景として全国に広がったかもしれない。オランダから贈られた犬を愛していたなら、オランダ語にそんな名前(ポチ)が無いかを調べるべきでは。いかが。　（理・M教授）

早速大学の図書館へ行き、オランダ語辞典を引いた。petieterig が「ごく小さい、ちっぽけな」の意で、petit-four は「一口大のケーキ」とあった。読みはどちらもプチ〜？　英語の発音に似ている。それ以上のことは判《わか》らなかった。欧米の人は犬にどんな由来・発想の名を付けるのか。彼らは、犬を日本人のように「人に従属するもの」と考えるのか、対等と考えるのか。色や形の「見た日でも付ける」のは共通だろうか。

徳川幕府編纂の史書、新訂増補国史大系所収の『徳川實紀』(吉川弘文館　一九七六年)の元禄年間(綱吉の時代)の項に目を通してみた。「生類憐れみの令」まで出した犬公方の綱吉のこと、「愛犬を側近くに置かぬはずは無い」と思ったが、そこにポチの名前は見つからなかった。彼が可愛がっていた愛犬を呼び出し「君の名は？」と訊ねてみたい気分である。ただ、幕末期の徳川将軍家の中では犬を飼っていたふしがある。アーロン・スキャブランド著、本橋哲也訳の『犬の帝国』（岩波書店　二〇〇九年）によると、下田浦に現れたペリー提督率いる黒船に対して、幕府は米や干し魚と一緒に四匹の犬を献上していた。贈られたアメリカ側がその犬に付けた名前の中に、和語の「みあこ（みやこ？）」と「しもだ」があった。外交儀礼をよく心得た心憎いまでの配慮である。

近年は特に洋犬が増えてきた。大型の洋犬の名前がポチ（「小さな点」に由来するとみた場合）では、名が体を表さない。その分だけポチも減ってきたのではないか。洋犬でも小型ならポチと名付けるだろうか。犬の名前の現状を探ってみようと思い、学生たちに、その自宅やご近所で飼っている犬の名前を思い出してもらった。彼らの身の回りに限った狭い調査だが、それでもまだ四匹もポチが居た。

犬の日本語系と推定される名前

カイ、キョン、クー、クマ、ケンケン、ココ、コタロー、小太郎、ゴマ、コロ（7）、ゴン（2）、ゴン太、サクラ、三太、シズ、シロ（2）、ジロー、ソラ、ダイスケ、タイゾー、タロー、チコ、チビ（2）、チャコ、チャッピー、チャロ、ちゅちゅ子、チョビ、チル、デコ、トラ、ナナ、パク、ハナ（2）、ヒナ、ヒマワリ、ペロ、ボコ、ポチ（4）、ポテ、ポン太、マル（2）、ミミー、ミャー、モグ、モコ（2）、モモ（2）、ヤマ、ヤマト、ララ、ラン（2）、リキ、リン

犬の外国語系と推定される名前

アトム、アリスラフティ、アルヒー、オーヤン・フィーフィー、クラッカー、ココア（2）、サン、

シー、シェリー、シャオ、ジャッキー、ジュディ、ジョン(2)、チョコ、テリー、ドリー、ハロ、バウ(2)、バッヂオ、プルート、マック(2)、マリン、マンハッタン、ミー、ミッシェル、ライガー、ラジャー、ラッキー、ラッシー、ラブ、リーフ、ロッキー、ロン(2)　(　)内は個体数)

「日本語に由来するかな」と思える名前が少し多めだが、洋犬も増えてきたことだし、外来語起源の名前の方が格好良いし、この傾向はそう遠くない時期に逆転しそうな雲行きである。私の住む、「隣家まで百メートル以上が普通」の中国山地の鄙《ひな》びた町でも、お隣のダックスフントはトム君である。そう言えば、戦後の一時期、アメリカ進駐軍・駐留軍の影響だろうか、アメリカ文化へ憧《あこが》れたものか、「外国語に由来する」名前(ジョンやジャックやメリー等)が流行していた。一九六〇年頃は、マイホームを白黒テレビで人気者のコリー犬「ラッシー」が走り回っていた。

最近我が家にもコーギー種がやってきたが、伝統を重んじる主人はコロと呼んでいる。

この頃は、犬の名前に、プリンやチョコ、クッキー、マーブル、アイス、ココアなど甘い食べ物の名を付ける家庭が増えています。英語で言うSweetかなと思いました。甘くて可愛い感じの名前をつけようという考えが頭にあると思いました。　(人文・Kさん)

Kさんの言う通りだと思う。家々に洋間が多くなり室内犬も増えてきた。もう一緒に寝起きして「家族も同然」の親しさである。その分、菓子や甘いデザート系の名前が好まれる。一覧表に見えたクラッカー、ココアはその部類である。私の親戚の家にもシュガーやミルクなどが居る。ただ、いくら甘くても、日本語系の砂糖、飴、ぜんざい、まんじゅう、大福、今川焼きとは名付けない。

畳、障子、襖《ふすま》だった時代には、犬は分を弁《わきま》えて屋外の犬小屋などに静かに眠っていた。最近その扱いが随分変わってきた。ある日、愚息の飼っている洋犬を一晩預かることになった。「外に繋いでおくよ。」と言った時に見せた、彼の魂消《たまげ》た、辛そうな表情が忘れられない。私は、都会から離れた農村で長く暮らすうち、犬の飼い方の常識の変化に気づかずに取り残されてしまったようだ。

ペットショップで見かける犬の自己紹介カードのSex欄には、オスは「男の子」メスは「女の子」と書かれ、動物病院や一部の飼い主も同じようにそう呼んでいる。猫もそうだ。この状況は、「餌をやる」では扱いが冷たいからと「餌をあげる」と言う人が増えてきた、そんな風潮とも繋がっている。

西郷さんが散歩に連れ歩いた犬の名前は、先の『犬の帝国』を読んで、もしかしたら「虎」かもしれないと思った。彼は狩りが好きで猟犬を生涯に何匹か飼い、よく「虎」と名付けたらしい。女性の名前の「とら」も珍しくない時代だったが、西郷さんのは漢字表記(虎)だからオスだろう。上野恩賜公園の銅像を見上げ、連れたその犬がオスかメスかよ〜く確かめなくっちゃ。ただ、名前がポチではあまり獲物は期待できない。猟犬にしてはちょっと小ぶりだし、あの銅像は「虎」とも別物かもしれない。

（2）「たま」の右に出る猫は居ない

猫のタマも少し気になる。

正確には、「昔は『たま』の右に出る猫は居なかった」と言うべきだろうか。今ではタマという名前は少数派に追いやられており、タマの方が「左に出る」時代になった。

「たま」は元々、球形の装飾品、真珠、それに似た形の水玉、露、小さい石等の意を表して、美しく綺麗で貴重なものだった。その後、美しい女性(媛《たま》)、遊女も指すようになった。女性の優美な姿形《すがたかたち》や丸やかな体形・物腰などをそう言って写したのだろう。また、優れた者、気の利《き》いた者、大事な人や物を指しても「たま」と言っていた。『源氏物語』の「桐壺」巻の巻頭のあたりに出て来る有名な一節にも、その「優れた者、大事な人」の意を言った「たま」が見えている。

玉　…　石之美也　タマ　…

（『観智院本類聚名義抄』（1241奥書）法中・八オ）

媛　…　ウルハシ　ナマメイタリ　カホヨシ　ヨキヲンナ　…　タヲヤカニ　…　タマ（『同右』佛中・乚オ）

世になくきよらなる玉の男《をのこ》御子《みこ》さへ生《う》まれたまひぬ。

（『源氏物語』（1001–1014頃）桐壺）

有時《あるとき》、江戸より参りたる人、百銭《ぜに》を投げつけしに、お玉が只にあたり、額《ひたひ》にすこしの疵《きづ》を付てよしなし。

（『西鶴織留』（1694）四　三）

細川忠興の悲運の妻のガラシャ夫人は、明智光秀の娘でその本名は「玉」だった。江戸時代には、庶民の女性の名前の代表選手が「たま」だった。浮世草子の『西鶴織留』の中では、投げた百銭がお玉さんの額《ひたい》に疵を付けていた。下女の通称に多いのも「お玉」で、新吉原江戸町一丁目の遊女屋の名前も「玉屋」だった。現代の女性にも、玉江、玉恵、玉枝、珠恵、玉緒、珠江、珠枝、珠緒、珠子、珠実、珠代、珠世など、「たまちゃーん」は多い。

猫の名前のタマは日本語の「たま」が起源で、「たま(玉)」と呼ぶことで、体形の円やかさや所作の柔らかさを表しているのではないか。一方で、こんな見方は成り立たないものかと思った。どら息子は家を飛び出して遊び回るが、大切な箱入り娘は家で大事にされる。人に付く犬と違って、猫は家に居付いて愛らしく縁側などで寝ている、「家に居る可愛い娘」から連想してタマと名付けられた。

この考えは小松英雄氏の「濁音」「濁点」に関する御論をヒントに思い付いた。しかし、紐で繋がれていないから猫だって隣近所を結構ウロウロしており、その点は的外れだったかな。

猫のタマはどう書くのが良いか。日本語名で、しかもメスに多いから、漢字(玉)はもちろん片仮名(タマ)でもしっくり来ない。どちらかと言うと、平仮名の「たま」の方が落ち着く。

左は学生たちが言ってきた「実家や近所で飼っている猫」の名前の一覧表である。その数が犬に比べて随分少なかった。この中に猫の名の「老舗」のタマが一匹も居なかったのは予想外だった。

猫の名前

アン、サクラ、シキイ、シロ、シュワルツネッガー、スーちゃん、タンポポ、ナナ、パンサー、フーちゃん、マイケル、ミー、ミーちゃん、ミルク、メグ、もみじ、モモ

一方で、下に接尾語の「ちゃん」を付けた猫が三匹も見つかった。ちょっと今風である。先ほどの犬の一覧表には「～ちゃん」と付いたものは居なかった。猫の方は、炬燵《こたつ》で丸くなり、縁側で日向《ひなた》ぼっこし、体も小さい。抱き上げるなど、守ってやりたい身近な存在だからだろう。花の名前からとったメスのサクラ、タンポポ、モモも可愛さいっぱいである。だが、犬にだってメスにはサクラ、ヒマワリ、モモの名があった。私の近所にリリーも居り、可愛さでは犬と猫は甲乙付けがたい。

ミー、ミーちゃんはその啼き声から付けられた名前だろう。英語でも meow と啼いている。そうだった、先ほどの一覧表にもバウという名前の犬が居たではないか、それも二匹である。英語での犬の啼き声の bowwow から来ている。山口仲美氏は、日本の犬も昔は「びよ」「びょう」と啼いていたとおっしゃる。日本人の耳も英語のそれに近い啼き声で聴いていたようだ。

猫のタマが雌なのは、玉が「玉恵」「玉美」とか女性の名前に使われることと関係があると思います。「たまお」は聞いたことがないです。

（人文・Tさん）

女性の玉江、玉恵、玉枝…ほど多様ではないが、「たまお」が男性に居ないわけではない（旧仮名遣いは「たまを」）。文楽（人形浄瑠璃）の舞台に立つ人形遣いの吉田玉男もその一人である。一般に今は「お」「を」の発音は区別せずに［o］だから、玉緒《たまを》も「たまお」と書いてその女性版ということになる。どちらかと言えば、男の「玉〜」は、『源氏物語』の「桐壺」の巻の例に見たように能力の優れた者を言う。右の玉男もそうである。女の「玉〜」の方は優美なことを指す。玉緒もそうだ。同じ「玉」だけど意味は対照的である。

これは、「微妙に意味が違う男盛りと女盛り」と似た話である。元々、男盛りは心身が充実した働き盛りの状態を言い、女盛りは姿や形が魅力的で輝いている状態を言っている。授業でそれを話すと、一人の女子学生が、「仕事バリバリの意味で女盛りと言います！」と反論してきた。拳骨の絵を描き添えたような抗議調だった。「そんなの許せないわ」と言っている。「最近は、貴女《あなた》が言うような見方も一部にはあるかもしれませんが、女盛りは本来、姿や形が魅力的で花開いた状態を指します。例えば、『女心と秋の空』は、現代的な感覚、捉え方をした誤った表現で、『男心と秋の空』が本来の言い方です。時を経て認識に差が出てきた。それと話が似てます。」と説明したが、納得してくれなかったようだ。

6 「半島」は半分の島？

先日、友人の車を降りるときに、「半ドア」になっているよと言われて、私はドアをもう一度しっかり閉め直しました。その時ふと、「半ドア」はなぜ「半」なのかと思いました。九割くらいはドアは閉まっていますよね。「半」とはどこから来たのでしょう？　ちなみに和英辞典を引いてみると、半ドアは half-open door です。英語をそのまま日本語にしたのですかね。（人文・Kさん）

日常の何気ないところで、ある時フッと疑問が湧いてくる。

半ドアとは「自動車などのドアがぴったりしまっていない状態」（『日本国語大辞典　第二版』）のこと。確かに定義すればその通りだろう。だが、Kさんが知りたいのは、なぜそのような状態のことを「半～」と言い表すのかである。因みに、half-open は「途中まで開いている」意の半開きではないか。

「半」とは一体何のことか、同じ『日本国語大辞典 第二版』から要点を引いてみる。

①なかば。二つに分けた一つ。
②刻または時間の二分の一をいう。
③二で割りきれない数。奇数。
④田の面積をいう。一段の半分。
⑤(「はんかつう(半可通)」の略)半粋のこと。近世の美意識で、野暮より以下とされた。

⑤に書かれた「半可通」は、「未熟なのにいかにも通人らしくすること。きいたふうをすること。また、そのさまやその人。」である。自称の「通」だと言われる。そこの「半」は、「数や量や内容などが揃っていない不完全な状態」を前提に説かれているのだが、分かりやすいのは、右辞典の「半」の字音語素の項が示す、「終わらない。中途。半ば。」「だいたい。ほとんど。」「不完全。少し。」との説明である。

Kさんの言う通り、英語にも日本語の「半」と似た意味用法がある。まずは半分(half-hour)である。他に、⑤に似ているのが不完全な・生半可な(half knowledge)、かなり・ほとんど(half-dead)、不十分に・いい加減な(half educated)、中途半端な(half-and-half enthusiasm)などである。しかし、平安時代中期の『伊勢二十巻本和名類聚抄』(巻一六・二五ウ)にはすでに「半熟飯」(片炊飯《かたかしきのいい》の意)の例があり、

「英語に学んだ」は疑問である。

それでは、「半ドアとは何か？」との問いにはどう答えようか。「半永久的」はこの程度の完成度でほぼ心配ないが永久的だとの太鼓判は押せない、「半煮え」は火の通りがまだ不十分で箸を付けるのがためらわれる、「半乾き」は服などの乾きが十分でないため着て出かけるには気持ちが悪い。そんな状態を指している。赤ちゃんはよく半泣きになる。今にもワ～ンと声を上げそうな「ほら、泣いた！」の一歩手前である。

これに対して、上半身、半円形、半額、半紙、半信半疑、半ズボン、半年、半日などの「半」は、①の「なかば。二つに分けた一つ。」の意味である。例えば、半袖と言えば、長さが長袖や七分袖よりも短く、腕全体の半分、肘あたりまでを被《おお》った袖を指している。半人前はどうだろうか。一人前の半分なのか、一人前と言うには少し足りないのか。

教室中に、「何か言ってくるぞ」の気配がただよい、案の定どっさり質問カードが届いた。

半熟は、白身は固く、黄身は中心部がトロトロとしている。固ゆでと生卵の中間ということでの半熟？　それとも、「完全」というには熟しが足りないということ？

（人文・Kさん）

英語のhalfにも「不完全な、ほとんど」といった意味があります。half-cookedは半生《なま》です。half-deadは半死半生の、死んだも同然ということ。言語はこういう比較も楽しいですね。

（人文・Nさん）

私の父は口が悪く、ものすごく怒ったときに、よく「半殺しにするぞ。」と娘の私に言っていました。実際にはそんなことはされませんでしたが、思えば本当に恐ろしいことばでした。

（人文・Yさん）

半熟というのは熟しが不十分で茹《ゆ》で上がりの一歩手前の状態、英語のhalf-doneである。確かに、日本語の「半」と英語のhalf、両者の意味用法は似ている。half-deadに関わってNさんが言ってきた「半死半生」の解釈、「死んだも同然」は、そこの所を自分の言葉でうまく表現している。

Yさんの言う「半殺し」は死にそうなほどに痛めつけることだが、心配はいらない。目に入れても痛くない娘に言った脅し文句だから、振り上げるこぶしは形だけである。知らぬ振りをしていよう。捨て台詞《ぜりふ》の「覚えてやがれ」は尻尾を巻いて逃げる弱虫の言っていること。これも覚えておく必要は無い。九州でよく聞いた「ぶっ殺すぞ」は、いざ事にのぞむ時の気持ち(許さぬぞ)を懸命に焚き付けて鼓舞する掛け声なのである。建前の言葉だから、やはり「はい、そうですか。」と聞き流しておけばよい。学生運動が盛り上がっていた頃、学長交渉の場でもよくこれが飛び交っていたが、それが原因《もと》で亡くなった学長さんが居たとは聞いたことがない。

半島は色々あります。陸地との繋がりがわずかでもう少しで島と言えそうな根室半島や四国の佐田《さだ》岬半島、繋がりが結構大きい津軽半島や伊豆半島、大隅半島、国東半島等々。だけど紀伊半島などはほとんど陸と言ってよく、「半陸」ですね。（人文・Eさん）

「半」には、「もうちょっとで完了するが、まだ完了しきっていない」という意味があるということでしたが、パンツ一丁でいることを半裸と言ったりするのもその例になりますか。

（人文・S君）

「半島」は、「海（湖）に突き出し三方を水面に囲まれた陸地」を「島に等しい」と見立てた呼び方。「半裸」も、「上半身が裸」と、裸も同然のちょっと危ない「もう少しで…」の姿である。

7 「防人」はなぜ「さきもり」なの？

「見つめるのが子守の守《もり》」の話を聞いて思い出しました。「防人《さきもり》」はなぜ「もり」のところが「人」という字なのでしょうか。上の字の「防」は「さき」と読めるのでしょうか。（人文・Iさん）

Iさんの質問に答える前に、「守《も》り」に関わってくる話を少し整理しておきたい。

聴覚関連の語には名《な》、鳴《な》く、鳴《な》る、音《ね》、祝詞《のりと》、告《の》る等の[n]子音に始まるものが多く、視覚関連では眼《まなこ》、見《み》る、目《め》、守《も》る等の[m]子音に始まる語が多い。守《も》るの「も」と眼《まなこ》や守《まも》るの「ま」は母音交替して出来た音節である。守《まも》るは見つめて守《も》る、見守《みまも》るは見つめて守《まも》る。守《まも》るも見守《みまも》るも、元々の「も」や「ま」の持っていた意味が忘れられて出来たものだろうか、強調表現だろうか。見守《みまも》るでは、視覚を表す「み」「ま」「も」が団子三兄弟状態で連なっている。守《も》る、守《まも》る、見守《みまも》るの順に新しくなる。

問題の防人《さきもり》だが、これ、字に即して「さき(防)」、「もり(人)」と訓《よ》んだものではない。

「防人」は、奈良時代以前から平安時代初期に至る百六〇年余りの間(六六四年〜八二六年)に、辺境域の防備の任に当てるために徴集された兵士のことである。その中核は、新たに日本の統治下に入《はい》った東国の壮年の男子(農民)だった。多くの場合、朝鮮半島に対峙した西国の、それも、都の側から見て遠く隔たった筑紫・壱岐・対馬などの辺境域(先《さき》、崎《さき》、埼《さき》)に配備されていた。『万葉集』巻二〇に収められた防人歌には、後《あと》に残した彼らの気がかり(家事・農事・家人への思い)が数多く詠み込まれており、心に切々と響くものがある。

沖つ鳥　鴨《かも》といふ船の　帰り来《こ》ば　也良《やら》の崎守《さきもり》(也良乃埼守)　早く告《つ》げこそ
(『万葉集』巻一六・三八六六)

防人《さきむり》に(佐伎牟理尓)　発《た》たむ騒《さわ》きに　家《いへ》の妹《いむ》が　業《な》るべきことを　言はず来《き》ぬかも
(『同右』巻二〇・四三六四)

天平勝寶七歳乙未二月相替遣二筑紫一諸國防人等歌
(『同右』巻二〇・四三二一　題詞)

「埼守《さきもり》(崎守《さきもり》)」は「埼(先、崎)」を守る任に着いた兵士のこと、それが防人なのである。

この埼守と同じ「守る対象＋守《もり》」の形に表記された役職者が、県守《あがたもり》、石守、門守《かどもり》、島守、関守、玉守、津守、時守、殿守《とのもり》、野守、墓守、夷守《ひなもり》、道守、山守、渡守《わたりもり》などである。例えば、時守は「漏刻《ろうこく》(漏壺の中の水位で時刻を知る装置)の番をし、時刻を知らせる鐘や鼓を鳴らす役人」、野守は「禁野《きんや》(一般人の狩猟を禁じた天皇の猟場。標野《しめの》)の見張りをする役人」を言う。右の埼守(崎守)から渡守までの一六例では、表記した万葉仮名を、その漢字に固定した訓に従って逐字的に(字に即して)訓《よ》んでいる。

守 … マモル　モル　ミル … カミ　ツカサトル　(『観智院本類聚名義抄』法下・二八オ)

あかねさす　紫野行《むらさきのゆ》き　標野《しめの》行き　野守《のもり》は見ずや(野守者不レ見哉)　君が袖《そで》振る　(『万葉集』巻一・二〇)

Iさんが言うように埼守は「防人」とも書かれる。「防」と「人」、その組み合わせた二字全体で「さきもり」と訓む。これは「義訓《ぎくん》」と言い、表記の漢字に固定した一般的な訓に従って逐字的に訓むのではなく、「一つの漢字や連続する漢字」全体の表す意味を分析し汲み取ってする訓読法である。防人は、「遠隔の地(先、崎、埼)を守る兵士」と理解して「さきもり」と訓む。『万葉集』の和歌本文には見えない。

防 … フセク … マホル …　(『観智院本類聚名義抄』法中・二四ウ)

人 … ヒト　ワレ … マホル …　(『同右』佛上・四オ)

同じ義訓法によって訓まれた例を次に少し挙げておきたい。
海人（儀人、海女、海子、海部も）は魚介類の捕獲を生業《なりわい》とする人と理解して「あま」に、月西渡は月が西の空に入るとの意で「つきかたぶきぬ」に、若月は毎月第三日（陰暦）の夜に出る月の意で「みかづき」と訓んでいる。他にも、白気《きり》（霧）（巻七・一一一三）、未通女《をとめ》（乙女）（巻九・一七五九）、木妨己《さなかづら》（真葛）（巻一三・三二八八）、暖《はる》（春）（巻一〇・一八四四）など、この訓読例は数多い。

志賀《しか》の海人《あま》は（然之海人者）　海布《め》刈《か》り塩焼《しほや》き　暇《いとま》なみ　くしげの小櫛《をぐし》　取りも見なくに
（『万葉集』巻三・二七八）

東《ひむがし》の　野《の》にかぎろひの　立つ見えて　かへり見すれば　月傾《かたぶ》きぬ（月西渡）
（『同右』巻一・四八）

振《ふ》り放《さ》けて　三日月《みかづき》見れば（若月見者）　一目《ひとめ》見し　人の眉引《まよび》き　思ほゆるかも
（『同右』巻六・九九四）

木防己　二八月採根陰干佐奈葛　…
（『天治本新撰字鏡』（898–901頃）巻七・三七オ）

山口大学文理学部国文学研究室で学んだ一九六〇年代後半、そこには関守《せきもり》教授と関《せき》講師のお二人がいらっしゃった。関守先生の口癖は「僕は関君を守る関守だよ。」だった。

防人を「さきもり」と読む。これ、誰もが一度は戸惑ったことがあると思います。でも、その時感じた「なぜ?」という気持ちを無かったことにして、こう読むんだとただ暗記してきました。そんな疑問を掘り起こして考えるのが大学の勉強なんだなあと思いました。（人文・Oさん）

私も中学生、高校生の時代に、感じた疑問をそのままにし「ひたすら暗記」と言い聞かせてきた。だが、大学は研究・分析の手法を学ぶところである。Oさんも疑問が解決していく手応えを感じている。

JanuaryとFebruaryに共通する「ary」は何か、Dictionaryの「ary」と同じものなのか。SeptemberとOctoberとNovemberとDecemberに共通する「ber」とは何なのか、一〇月以外の「ber」の直前に共通にある「em」は何か意味を持っているのか。

8 「一〜十」「十〜一」の数え方

(1) 何と読む、「四」と「七」

普通に下から上に「一二三四五六七…」と数えた時と、逆に、上から下に「十九八七六五四…」と数えた時とでは、「四」と「七」の数字の読み上げ方が違います。（人文院・T君）

大学院生のT君から以前受けていた質問である。ある日の講義で取り上げてこう話した。

いち、に、さん、し、ご、ろく、しち(なな)、はち、く、じゅー

じゅー、きゅー、はち、なな、ろく、ごー、よん、さん、にー、いち

傍線部の「四」と「七」に注目です。「九」については後で考えます。同じ漢数字列の読み上げなのに上りと下りとで読み方が違いますね。その理由を私はこう考えました。「一〜十」のように上っていく時は、「一二三四五六七八九十」の全体をひと続きの漢数字群と捉え、「習い覚えた伝統的な漢字音で一貫してカウントする方式」で読み通しています。「一から十まで数えましょう。」ですね。そのためそこには「大和言葉」の混入する余地が無く、「四」と「七」も漢字音の「し」と「しち」に読むようです。逆に、「十〜一」のように下っていく時には、一つ一つの数字を区切って、意識的に「十、九、八、七、六、五、四、三、二、一」のように、十箇の単語として指折り数えています。だから、「七」と「四」の読みには、普段使って馴染んだ和語で比較的新しい読み方の「よん」と「なな」を混ぜたり、「ご」「に」も延び加減にして二拍に揃えていきますね。

漢数字の「四」「七」を和語で読むのは「十〜一」の場合だけではない。電話や車体の番号の読み上げ等にもそれが現れてくる。例えば、四桁の番号「四三七六」は「よん、さん、なな、ろく」と読まれる。「四」「三」「七」「六」を「個別の単語の羅列」と認識してそうなる。「四」「七」のところに、日頃馴染んできた和語の読み方の「よん、なな」（「よ」「な」が本来）が顔を出してくる。ある日、テレビの画面に重ねて、耳に、種子島でのロケット発射時の秒読み（カウントダウン）、「十、九、八、七《なな》、

六、五、四《よん》…」が飛び込んできた。『なな、よん』、見っけ！」だった。

これと似た現象に触れた文章が、千葉県木更津市暁星国際学園における、井上ひさし氏の「音で知る文化の豊かさ」と題する授業風景の中にあった。

「1から10まで数えてみてください」。（中略）「今度は逆から」「じゅう、きゅう、はち、…」。数え終わると「行きは『し』『しち』だった4と7が、帰りは『よん』『なな』でしたね」と井上さん。（中略）日本語は、大和言葉の上に漢語が積み重なってできた。「よん」や「なな」は、下にある大和言葉がひょいと顔を出しているのだ。日本語の構造を、子どもたちが体感した瞬間だ。

（『朝日新聞』二〇〇四年一〇月二二日付朝刊）

上りの「一～十」の場合は、その全体を「漢数字の集合体」と捉えるため、「漢字音で一貫して読むぞ」との気持ちが働いて、「四」「七」のところも古くて改まった漢字音の「し」「しち」に読む。

「四」「七」を数える場合、女の子は「よん」「なな」と読むことが多く、男の子には「し」「しち」が多いような気がします。（人文・Yさん）

七×七＝四九を「シチシチシジューク」と読むのも歴史的な読みかも。「ニニンガシ」などの

愉快な日本語講座 ▶9

「四」と「七」の数え方

漢語と和語 世代差も

大学院生から数学の読み上げに関して質問が寄せられた。

○普通に下から上へ「一二三四五六七…」と数えた時と、逆に、上から下へ「十九八七六五四…」と数えた時とでは、「四」と「七」の数字の読み方が違います。なぜでしょう。

私は「…さん、し、ご、ろく、しち（なな）、はち、…」「…はち、なな、ろく、ご、よん、さん…」と読む。注目は傍線部の「四」と「七」のところ。同じように漢数字（漢語）が並んでいるのに、確かに、上りの場合と下りの場合とで読み方が違う。井上ひさし氏も、千葉県の暁星国際学園の授業でこれに触れておられた。

私は思う。上りの「一～十」と数えるときは、「一二三四五六七…」の全体を一連のまとまった漢数字群ととらえ、「漢語が伝来したときに習い覚えた、伝統的な読み方で通して数える方式」で読んでいく。その分、和語（大和言葉・固有の日本語）の読み方は入ってきにくい。結果として、「四」「七」は、漢語読みで「し」「しち」と読まれることが多い。

これとは逆に、下りの「十～一」と数えるときは、数字の一つ一つを、「十、九、八、七、六、五、四、三、二、一」のように、十個別々の単語のつもりで数えていく。だから、「四」「七」について、普段よく馴染《なじ》んで読みやすい方の和語読み、それも、「よ」「な」ではなく、新しい方の「よん」「なな」が混じりやすい。電話番号の「四二七六」などでも、「四」と「七」のところは和語の「よん」「なな」で読む。「し、に、しち、ろく」とは言わない。

○7×7＝49を「シチシチシジューク」と読むのも古い方の読み方だし、「ニニンガシ」など「九九」の読みにも読み習わしがあるのではないでしょうか。「四の五の言うな」などは「シ」だなと思いました。

イラスト・藤田はるえ

複合語や慣用句の中に、今ではあまり使わない語形が残ることがある。「九九」や「四の五の言うな」もそう。先の「一～十」にも、古く日本に伝わった漢語の読みが残ったのか。

数学の「九」を読む場合にも、上りの「一～十」と下りの「十～一」とで読み方が違う人が多い。上りの場合の「九」には、古い「く」読みをする人が目立ち、下りの場合の「九」には、新しい方の「きゅー」読みが多いようだ。

年齢を数えるときでも、「私はろくじゅーくです」と言うのは年配の方に多く、「父はろくじゅーきゅーです」は若い世代の言い方である。どちらの言い方をしているか、それが、案外その人の世代・年齢を測るパロメーターになっている。「ひとつよろしく」世代と「どうかよろしく」世代の差でもある。

「四」と「七」は和語読みが増えてきて、「七回忌」もつい「なながいき」と言ってしまう。毎年一回はお目にかかる「赤穂四十七士」はまだ「しじゅーしち（ひち）し」だが、壺井栄の『二十四の瞳』の方は、中・高生の読書量が低下した影響もあって「にじゅーよんの…」になっていないだろうか。ちょっと心配だ。

（山口大学人文学部教授・添田建治郎）

「四」と「七」の数え方

（中国新聞社提供：『中国新聞』2006 年 12 月 19 日朝刊より）

「九九《くく》」には読み習わしがある？ 「四の五の言うな」も「シ」ですね。 （人文・Sさん）

Yさんは、「数字の読み上げ方にも男女の間で差があるのではないか。」と言っている。確かに、種子島での和語を交えたカウントダウンは女性の声だったが、それが即、平安時代以来の「男は漢字か片仮名、女は平仮名」で書く傾向に直《ちょく》に繋がる感覚なのだろうか。種子島のあの場面だったら、男性でも「なな」「よん」と数えただろう。ただ、全体に、「女性は手紙文の末尾に平仮名の『かしこ』を添え、女の子は柔らかい感覚の丸文字を好む」、そんな傾向はある。

算数の九九は今でも習慣的に「くく」（呉音）と読み、「きゅーきゅー」（漢音）は無い。和語混じりの「なななよんじゅーく」も聞いたことがない。小学校以来の「三つ子の魂」である。ただ、最近は和語での読み方が増えて、「四重奏《よんじゅうそう》」「七回忌《ななかいき》」「七分咲《ななぶざ》き」を言ったり聞いたりはする。若い世代も、「赤穂四十七士」『七人の侍』などの読みはまだ間違うまいが、テレビ漬けで読書時間が大幅に減っており、『二十四の瞳』（壺井栄）の題名を「にじゅーよん…」と読んでいそうで不安である。

保留していた漢数字「九」の読み方はどうか。同じ「九」なのに、「十～一」と「一～十」で読み方が違う人が多い。「十～一」では漢音「きゅー」が多く、「一～十」では呉音「く」も混じる。

年齢の「四十九」も主に二通り聞かれる。高齢者の場合は「しじゅーく」が多く、若い世代では和語を混ぜた「よんじゅーきゅー」が普通である。どちらに言うかで、ある程度年齢が推し量れる。「よんじゅーく」はその中間だろうか。そうは問屋が卸さぬかもしれないが、これ、前書で触れた、挨拶の「ひとつ、よろしく」(高齢者)「どうか、よろしく」(中年以下)と似た話である。

(2) 昔の名前で出ています(古い語形の複合保存)

地元の島根県大田市には屋根瓦の上に「出口」と大書した公民館があった。子供の頃は「一体屋根に何の出口だろう?」と思っていました、地名の「出口《いでぐち》」を書いたものと知って驚きました。これも古い下二段動詞「出《い》づ」の残存ですか。

(人文・Nさん)

Nさんは、小学生の頃、「屋根に出口がある? 屋根から出るの?」と不思議に思った。地名の複合語・「出口《いでぐち》」の中には、下二段の「出《い》で、出《い》で、出《い》づ、出《い》づる…」と活用した古い動詞「出《い》づ」の連用形(連体修飾の機能も持つ)「出《い》で」が残っている。彼女たちは、三年生になって、添田ゼミ恒例の方言調査で島根県に出かけた。足を延ばし、屋根に色瓦を組み合わせて「出口」の文字が描かれた問題の公民館まで行った。見上げて、「へえー」と声を揃え日本語史を体感していた。古語の「出《い》づ」は「出《いで》立《たち》」「出湯《いでゆ》」などにも残っている。

この話を聞いて、Nさんと同学年でいつも飄々として我関せずのK君(長崎出身)に、子供の頃の記憶が蘇《よみがえ》ってきた。心を動かして言った「出口先生と入口先生」には思わず吹き出してしまった。

> 小学校時代、出口先生と入口先生がいました。どちらも恐い女の先生でした。忘れ物をすると、算数で使う定規《じょうぎ》(物差)で叩かれ、秋にはそれが二つに裂けていました。さすがに「一年の時の担任が入口先生で、六年の時の担任が出口先生。」ということはなかったけど。　(人文・K君)

例えば、「いわゆる」「おっしゃる」「いわくつき」「たいのいお(鯛の方言)」には、助動詞「ゆ」「しやる」、接尾語「く」、名詞「魚《いを》」などの古い語形が残っている。つまり、今はもう使われなくなった語形が複合語や慣用句の中に痕跡的に残されている。「古い語形の複合保存」である(奥村三雄『方言国語史研究』(東京堂出版　一九九〇年))。ある単語に変化が起きても、それと同じ変化が、複合語・慣用句を構成する要素になった当該の語にまで起きてくるわけではない。「酒《き》」はその後「酒《さけ》」と呼ぶようになったが、それでも「御《お》神《み》酒《さけ》」と言い換えたりはしない。元の語形のまま残される「言葉の化石」である。

例えば、次頁の複合語・慣用句の中には、その昔使っていた語形が残されている。

御神酒《おみき》／固唾《かたず》をのむ／神な月・水な月／匙を投げる・匙加減／たそがれ／まつげ（睫毛）／まなこ（眼）／水やり／水な門（湊）・水な本（源）……

①「固唾《かたず》を呑む」

固唾《かたづ》（「かたず」表記が現代仮名遣いの本則）は、「形容詞『固《かた》い』の語幹『かた』＋唾液の意の名詞『つ』」構成の複合語である。事の成り行きを心配して緊張した時などに口の中にたまるのが固唾である。「つ」は「つば」（「唾吐《つば》き」の「き」を略した語）の古形で、昔は使っていたが今はもう一般には使われていない。ただ、九州その他の方言では「つ、のむ」（つばを呑む）のように言っている。複合語の固唾の中には、その古くは単語でも使われた「つ」（連濁して「づ」に変化）が残っている。「つ」↓「つば」と変化しても、「固唾《かたつば》を飲む」などと言い換えるわけではない。

咜 ：ツ| シタウチ ツイハム （『観智院本類聚名義抄』佛中・二一ウ）

②「匙を投げる」

カレーライスを食べる時に「匙をちょうだい。」と言う若い人は少ない。食事の洋食化が進んで、今は「匙」よりも横文字外来語の「スプーン」が普通になった。しかし、慣用句の「匙を投げる」、複合語の「匙加減」などには、現代の感覚から言えば古臭くなったその「匙」という語が残されている。「スプーンを投げる」「スプーン加減」と言ったりはしない。

③「花に水遣《みずや》りをする」

「遣る」は、「何かを上位の者から下位の者へ与える」意を表す動作動詞である。最近は、「花に水（犬に餌）を遣る」と言っては乱暴に響くから良くないと考え、その「遣る」を丁寧語の「上げる」に変えて、上品に「花に水（犬に餌）を上げる」と言う人が増えてきた。これは、言い表す対象（花、愛玩動物など）を人並みに扱って言った一種のぼかし表現である。

その先が問題である。確かに「花に水を上げる」人は増えた。けれども、連用形の名詞的用法の場合は「花の水遣りを忘れないで」と言う。そこに、「遣る」の連用形「遣り」が残されている。それを、「上げる」の連用形「上げ」を使った「花の水上げを忘れないで」などとは言わない。

その他、複合語の「まなこ（眼）」、「水《み》な門《と》（湊）」（水の出入りする所）、「水《み》な本《もと》（源）」（水の流れ出す本、源流）、「神《かみ》な月《づき》」（旧暦の一〇月）、「水《み》な月《づき》」（旧暦の六月）などの中には、連体修飾語を作る働きを持った格助詞の「な」（上代語）が痕跡的に残されている。その後「な」は衰えていき、それと似た働きを「の」助詞が担《にな》うようになった。そのように変わっても、「まのこ」「水《み》の門《と》」「水《み》の本《もと》」「神《かみ》の月《づき》」「水《み》の月《づき》」などとは言わない。「まつげ（睫毛）」にも連体修飾語を作る格助詞の「つ」（上代語）が残っている。「まのけ」などとは言わない。「たそがれ」も「だれそがれ」とは言わない。

（3） 別れても心の奥に（古い意味・用法の複合保存）

複合語等の構成要素の中に、ある語の、今は消え去った古い意味・用法が残ることがある。

①芋煮会

「イモと聞くとどの芋を思い出しますか？」と「イモの意味」を訊ねてみる。返ってくる答えは、中部地方やそれより北の人からは馬鈴薯、西日本の人を中心に甘藷、関東・東海・北陸・近畿の一部と九州地方の人からは里芋などといった風に、所によってそれが違っている。三つの芋の中で最も歴史が古いのは里芋である、縄文時代にはもう日本に伝来してきていた。『万葉集』にも用例があって、各地の年中行事(正月の雑煮や芋名月など)でもよく使われている。これに対して、甘藷の普及は江戸時代も半ば以降であり、馬鈴薯の食用栽培などはやっと明治時代初期からである。里芋は、対になる山芋とともに「日本人が長く付き合ってきた芋」なのである。

「イモの意味は？」と問われて、東北地方の人が思い浮かべるのは、普段よく栽培している馬鈴薯であった。だが、山形県などの秋の風物詩「芋煮会行事」の鍋の中で煮る芋は里芋なのである。山口大学でも、東北地方から赴任してこられた先生に教わりながら芋煮会をやり、里芋を煮ていた。複合語「芋煮会」の「芋」には、古い「芋とは里芋のこと」という認識が痕跡的に残されている。慣用句の「芋を洗う」（大勢人が集まって混雑する様）の「芋」もまた同じである。

②筆を振るう、筆入れ、筆箱

「筆」は、「ふみて(文手)」(「て」は文字や筆跡)から、「ふみて→ふんで」(音便化)を経て「ふんで→ふで」(音脱落)と変化した語であり、その「墨などに浸《ひた》して主に文《ふみ》を書く毛筆」が「ふで」だった。今でも「ちょっと筆を取って〜」と頼まれると毛筆を差し出す。その筆を納める道具が筆入れ、筆箱だった。『羅葡日辞書』(1595刊)も「Fudezzutçu, fudebaco.」(筆筒、筆箱)と記している。現代は硬筆(鉛筆、万年筆、シャープペンシル、ボールペン)を使うことが多いが、慣用句の「筆を振るう」や複合語「筆入れ、筆箱」の「筆」には、「毛筆」の意味も生きている。

③人一倍働いた

「人一倍」は「普通の人の二倍」という意味である。長崎県や熊本県には、「暑かりゃ暑かしこ、いちべ元気ぬ出る」(壱岐島)などの、「二倍の意の一倍」に由来する「いっそう」「ますます」の意を表した副詞の例があるが、現代語では、一般に量の倍加は一倍とは言わず二倍と言っている。けれども、「人二倍働く」などと言うことは無い。つまりは、複合語「人一倍」の一倍には、その昔の「二倍」を指していた意味・用法が残されている。漢文訓読資料の『楊守敬旧蔵本将門記』の傍線部は、「兵士の数が二倍だ。」と言っている。

…構《カマ》ヘタル所ノ鉾楯《ホコタテ》三百七十枚ナリ。兵士一倍《ハイ》ナリ。　(『楊守敬旧蔵本将門記』(平安院政期の加点))

④お前百までわしゃ九九まで～

「お前」という語は元々、立場が同等より上位の相手を指した人称代名詞だった。「お前百までわしゃ九九まで共に白髪のはえるまで」と謡った場合の「お前」も、それの本来的な意味・用法で言ったものであり、決して、下位や対等の相手(妻)を指した現代の「お前」ではない。この俗謡は、妻から夫(多くが年上)への「お前様(夫)は百歳、私は九九歳まで～」であり、夫から妻への「お前(妻)は百歳、俺は九九歳まで～」の言い掛けではない。「夫は年上」が普通だった時代も映している。

ぶしつけながら、おまへ様は、お見わすれ申しいんして御座りますが、あなたはどなた様で御座りましたね
(『遊子方言』発端)

(4) 時代遅れのおとこ(古い認識・用途・物の名などの複合保存)

複合語等の構成要素の中に、そう名付けられた由来を示す認識・用途・物の名等が残ることがある。

私の祖父は「歯磨き粉」とも言うけど、時々「歯ブラシ粉」と言ってます。違和感はあるけどそ

うとも言えます。でも痛くて歯茎から血が出そう。それに粉《こな》はもう使いません。（人文・Uさん）

電動の歯ブラシまで出回る時代。近世は、柳の木を箸のように切り先端を叩き砕いた房楊枝《ふさようじ》を使った。

①歯磨き粉

江戸風俗の言わば百科事典、『守貞謾稿』（江戸時代末期）の「衣棚」の項にも載っている粉木製の歯磨き粉は、今ではタバコのヤニ取り用に見かける程度にまで減り、練り歯磨きで磨くのが普通になった。それでも、「歯磨き粉、取って〜」と言われてあまり違和感が無い。風呂には敷かないが風呂敷に包む、往来で髪油は売っていないが油を売る（灯油は関西その他では車で流して売り歩く所もあるようだ）、仕舞い込んだ履き物の大半が靴でも下駄箱、紐では締めなくなったが財布の紐を緩める、帙の紐を解いてはあまり読まないが本を紐解く。今でもみんな普通にそう言う。揺れるランドセルの中で、鉛筆の入った（毛筆の入っていない）筆箱や筆入れがガチャガチャと音を立てている。歯ブラシ粉も聞く。

又、二楷ニテ、膏薬等ヲモ取次ウル。下ノ高坐ニテモ、膏薬ヲ賣ル也。或ハ、歯磨粉等ヲ賣ル。

（『守貞謾稿』（1837–1853）巻之二五・沐浴）

②黒板

今や「青板」やホワイトボードの時代で黒板は珍しくなったが、まだその板書用の板を黒板と呼ぶ人が少なくない。黒板拭き(東日本)、黒板消し(西日本)もある。中国地方(鳥取県以外)と福岡、兵庫、奈良、長野各県辺りでは、「とばん」や「とはん」と言っている。福岡県の小学生だった私も、先生に「とばんを拭きましたあ。」と報告していた。大阪府南部では「ぬりいた」、沖縄県の宮古列島では「ぬりばん」と言う。「とばん」や「とはん」や「ぬりばん」は「塗板《ぬりいた》」の音読み形なのである。

③無銭飲食

もうお金の単位ではなくなった「文《もん》」が、「びた一文まけられない」とかの形で使われ、戦前の単位だった「銭《せん》」が、「一銭も無い」とか「無銭飲食」とかの形で使われるのも、複合保存の法則みたいなものでしょうか。「一寸の虫にも五分の魂」もそう?

(人文・O君)

無円飲食とは言わない。メートル法の時代だが「約三センチ先は闇」も言わない。複合語の「銭湯」「無銭飲食」「びた一文」「裸一貫」、慣用句の「一文の得にもならない」などには、廃止された貨幣単位の銭(円相場は除く)、文、貫(銭を数える単位)という呼び名が残っている。

④親知らず

「親知らず」（第三大臼歯）は「親知らず（の）歯」の下略形です。

Voyaxirazuno fa.（『羅葡日辞書』）

姥《うば》櫻はゆる若葉や親しらす　貞盛（『毛吹草』五）

日本語では、省略形を作る時は言葉の後半の要素を省く（下略する）のが基本です。「親知らず」の場合も「親知らず（の）歯」→「親知らず」と変化したものですね。「（の）歯」が省略されています。「なす」「かぶ」「ゆかた」なども下略によって新しく出来た語です。後半の要素の「び」「ら」「びら」を省いて作られたものです。

なすび→なす　かぶら→かぶ　ゆかたびら→ゆかた

さて、「親知らず」。この語の命名発想は、「親が亡くなる年頃に子供の口腔《こっこう》の奥に生えてくる歯」だと考えたものでしょう。五〇歳前後が日本人の平均寿命だった時代。口脺の奥に「親知らず」が生える二〇～二五歳頃と言えば、両親との死別は珍しくはありませんでした。「親知らず（の）歯」は、そのような時代の認識を映して出来てきた語なんです。「人生八〇年」の長命の今、両親とも健在という人が少なくありません。でも、未だに「親知らず」と言っています。「親知る歯」の時代なのにそう言います。「親知らず」という言い方には、日本人の寿命が今よりもずっと短かった時代の、「親が亡くなる頃に生えてくる歯だ」という認識、考え方が化石のように残されています。

この話題に対する学生たちの反応は素早かった。「親知らず」は青年期を過ぎる頃に妙な場所に生えてくる。「なぜ、永久歯も生え終わった時期にこんな所に出てくるの？」、それが気になり色々理由を考えていたのだろう。捉え方も様々で、自分なりに「こうだ。」と理解してきた「親知らず」である。

「永久歯は乳歯が親となって育て(永久歯が顔を出すのは乳歯が落ちてその後)、親知らずの方はその乳歯の無い所から単独で生えてくるから親知らずだ。」と教わりました。（人文・Sさん）

乳歯に対して親は何かと歯磨きをさせたり面倒をみるが、「親知らず」は、親が子供に構わなくなった頃に、又は親元を巣立ってから生えるのでそう言うと思っていました。（農・Eさん）

「親知らず」は現代中国語では「智歯」。「知恵がつく頃に生える歯」です。（人文・Oさん）

Oさんの専門は中国文学、身に付けてきた学識がこんなところで生かされている。

日本語の「親知らず」と中国語の「智歯」、この二つの名付け方には、同じ二〇〜二五歳という年頃を、「親が亡くなってもおかしくない時期」(日本語)と捉えるか、「知恵がついてくる時期」(中国語)と捉えるか、そのあたりの考え方の違いが反映している。「知恵歯」は中国語の「智歯」と発想が同じ。『医語類聚』(1872)は智歯を「Wisbon tooth」と説く。そう言えば、英語も「Wisdom tooth」だった。

9　ほぼろをふる

「嫁が無断で実家に帰る」ことを言った「ほぼろをふる」[※]は、中国地方に偏って分布する方言である。その言葉の中に、動詞「振る」の、今では使うことが稀になった古い意味(捨てる)が複合保存されている。8章との関連でこの方言を少し取り上げてみたい。

※ほぼろ…農具の一つで、竹などで編んだかごのことである。大小があり、小さなものには摘み取った茶の葉・松茸・よもぎなどを入れ、大きなものには籾殻などを入れたりする。竹などで編んだかごや円筒形の竹ざるを指して「てぼ」や『ふご」と言う所もある。そこでは「嫁が無断で実家に帰る」ことを、「てぼをふる』(山口県大島郡)、「ふごをふる」(岡山県北部、鳥取県中部他)などと表現する。

「ほぼろをふる」とは何のことか。その有力な解釈は、「すねた嫁が、腰に結んだほぼろを揺らしながら実家に帰る後ろ姿を写した、ユーモアを含んだ表現」である。確かに、その見方を裏付けるよう

実際のほぼろ
（資料提供：島根県津和野町教育委員会）

な「こういうことだ。」と方言話者が振り返って考えた「内省《ないせい》」は多い。方言の「ほぼろいどをふる」（島根県美濃郡・益田市）「ほぼろげつをふる」（島根県美濃郡・益田市と山口県玖珂郡）なども、そんな「ユーモアを含んで作られたのだ」と思わせる典型的な方言例だろう。「いど」「げつ」はお尻である。

それらの解釈・見方は、多様な意味を持った「振る」の中で「捨てる」の意味が薄れ、「振るとは揺らすことだ、そうに違いない。」と考え付いたもので、右の二つの方言例も、その結果として作り出されたものではなかろうか。現に、揺れているのは腰に提げた小さなほぼろだけではない。広島県央のある話者は、「大きなほぼろを背負って後ろを振り返らずに実家に帰る。」、「大きなほぼろを背負っては振り返れない、振り向かないことが嫁の決意（実家に帰る）を表す。」などと内省されていた。

私は、「ほぼろ」を投げ捨てるような実家帰りもあるのではないかと考える。

「ほぼろをふる」は、嫁が、大切な農具の「ほぼろ」を「えい、こんな農作業なんかやーめん！」と言って投げ捨て（手放し）、実家をめざして家路を急ぐ、「しばらく帰らせてもらいます」程度の、すねた一時的な「離縁」の表現なのではないだろうか。「ほぼろ」はいずれ拾い上げる。

各地で夫婦関係等の「離縁」をどのように言い表し、その表し方が、生活一般の「破綻」表現とどのように違っているのか、そのあたりを比較検討してみたい。左は全国の方言例の一部である。

夫婦関係等の「離縁」表現

※おさら戴く：（妻が離縁状をもらう）↓高知県長岡郡
※かますかずき：（離縁された女）↓石川県鳳至郡
※さらかべり類：（離縁すること）↓大分県東国東郡、（再三離婚して帰った者）↓山口県豊浦郡
※さらかむ（べ）る類：（嫁がかってに里に帰る）↓大分県・山口県周防大島・愛媛県大三島他
さらばこ背負う：（離婚する）↓青森県三戸郡
さらまくる類：（離縁される）↓青森県三戸郡
ながたなうつ類：（嫁が里方へ逃げ帰る）↓鳥取県岩美郡・京都府竹野郡・岐阜県加茂郡と恵那郡
なたうつ：（養子の離縁話が起こる）↓岐阜県加茂郡　…

生活一般の「破綻」表現

かまどをかえす類：（破産する。財産を失う。）↓青森県上北郡他・岩手県中通他・秋田県仙北他・山形県、（だめにする）↓山形県飛島

かまどかえし類：（破産。破産者。）↓北海道・青森県・岩手県気仙郡他・秋田県鹿角郡他・山形県東田川郡・新潟県佐渡、（放蕩者）↓岩手県気仙郡・新潟県佐渡

かまどをなげる：（財産をことごとくなくしてしまった）↓青森県

かんごがころげる：（すねる）↓愛媛県大三島

くわがかつがれぬ：（百姓ができない。生活難だ。）↓愛知県海部郡

ごったいなげる：（手に負えず、放任する）↓三重県伊賀

たごをなげる類：（手の施しようもなくなる。匙を投げる。絶望する。）↓高知市・島根県大原郡・仁多郡

たごわる類：（失敗する。破産する。）↓和歌山県日高郡・熊本県・同天草郡

てぼやぶり：（他人と協調しない頑固者。横紙破り。）↓長崎県対馬

へらかじる：（赤字になる。足が出る。商売をして損をする。）↓青森県津軽

ぼーうつ：（資本金を失う）↓島根県大原郡

ぼーをおる類：（失敗する。事業に失敗して大損をする。破産する。）↓島根県出雲・隠岐島他多数、（途中で投げ出す。挫折する。）↓三重県志摩郡、兵庫県美嚢郡、徳島県他多数　…

※「叺《かます》を背負う」と言う「叺《かます》かずき」や「皿を被る」意の「さらかべり」「さらかむる」は、人目を避けなが

　らの実家帰りだろうか。島根県那賀郡の「隣の嫁はさらになった」は、「皿」と「去」の音の類似からの「離縁」表現だと言う。「おさらを戴く」ともどもそちらの意味か。

　夫婦関係等の「離縁」を表現した「さらばこ背負う、さらまくる、ながたなうつ、なたうつ」は、「嫁が、生活道具の皿箱、皿、包丁・鉈《なた》をそれぞれ背負う、投げ捨てる、捨てる」と言い表して、類型的である。これと似た発想・捉え方をした言い方が、一般的な生活の「破綻」を表現した、「かまどをかえす、かまどをなげる、かんごがころげる、くわがかつがれぬ、ごったいなげる、たごをなげる、たごわる、てぼやぶり、ぼーうつ、ぼーをおる」などに見られる。つまり、「竈《かまど》をひっくり覆《かえ》す、竈《かまど》を放り出す、籠が転げる、鍬が担げない、（蓋付きの）容器を投げ捨てる、担桶《たご》を投げ捨てる、担桶《たご》を割る、笊《ざる》や籠を破る、棒を捨てる、棒を折る」のである。ここでも生活道具、農具を色々に投げ出している。

　「ほぼろをふる」は、「こんな仕事なんかやっていられない。」と「ほぼろをふって」実家に立ち戻ることを言い、「振る」は、「投げ捨てる、転がす」（嫌って相手にしない）ことを表した動詞なのではないか。これと似た方言例がある。「すねる」意を言った愛媛県人三島の「かんご（籠）がころげる」、「手の施しようもなくなる。匙を投げる。絶望する。」意を言った高知市・島根県大原郡・仁多郡の「担桶《たご》をなげる」そして、廣戸惇・矢富熊一郎『島根県方言辞典』（東京堂　一九六三年）が挙げる、「桶を投げ捨てる」意を言った仁多郡・能義郡の「桶をふった」などである。

前後の文脈から推し量ると、傍点を打った四者、即ち、「ふって」「ころげる」「なげる」「ふった」が共通して持っている意味は、「捨てる」である。ここで注目されるのが、同じ「嫁が無断で実家に帰る」意を言った、広島県西部の「かごをまくる」と広島県中・南部の「ほぼろをこかす」、岡山県西北部の「ほぼろをころばす」表現である。やはり、「籠」や「ほぼろ」を転がし、転《こ》かし、転《ころ》ばし、捨てている。広島県三原市には「捨てる」意の「棄《う》つ」を続けた「ほぼろをうつ」もある。

思うに、問題の「ほぼろをふる」と島根県仁多郡・能義郡で言う「桶をふった」、その二つの表現の「ふる」と「ふった」には、動詞「振る」の、今では表すことが稀になった「投げる」「転かす」「転ばす」「捨てる」などの意味が、痕跡的に残されているのではないか。

さらにもう一つ注目されるのが、左の『観智院本類聚名義抄』と『日葡辞書』の記載である。「振るふ」と「振る」、そのどちらにも「投げる、捨てる」の意があったと考えられる。

擿　…ナク　ウツ　コカス…フルフ　コク…ハラフ…　（『観智院本類聚名義抄』佛下本・三〇ウ）

振　…フルフ　ウコカス　ウコク…スツ…　（『同右』佛下本・三五ウ）

Furisute, tçuru, eta.　物を投げ捨てる。　（『日葡辞書』）

娘や嫁等の立場への執着を表現した方言例として、「いつまでも（年齢が来ても）嫁入りしない娘や女性」を言うグドフンバリ類(島根県美濃郡、益田市)やヨコザフンバリ(益田市)、そして、「嫁が子供を生んで婚家に腰を据えて、安定する」意を言うイカリヲウツ(長崎県五島)などがある。対照的に、嫁の立場・権利などの譲り渡しを表現した方言例には、「主婦権を嫁に譲る」意を言うヘラワタス(青森県上北郡)やヘラユズル(岩手県上閉伊郡)、「財産を任せる」意を言うヘラワタス(山形県西村山郡)などがある。ホボロ等への執着の消滅(嫁の立場の放棄)を描いた「ほぼろをふる」の発想は、後者の方のヘラワタスやヘラユズルと近いようだ。

「…いかでか、さ、つれなくうちふりてありしならん。いみじうめでたからんとこそおもひたりしか」など仰せられたる。御返《かへり》に、かしこまりのよし申て…
(『枕草子』(995–1004頃) 八二段)

オ、こりや今日《けふ》の相撲《すまふ》を、ふつてやらざ成《な》るまいわいの。ソレ〳〵、彼《あれ》と我《おれ》とが立《た》ち合《あ》ふこそ幸《じいは》ひ、美《うつく》しう振《ふ》つてやり、彼奴《あいつ》に勝《かち》を譲《ゆづ》つて置《お》いて…
(『関取千両幟』(1767初演) 二)

『枕草子』の方は、「過去のことだと、そんなにそっけなく思い捨てていたのだろうか。」と言って、「ふる」が「捨てる」の意を表している。浄瑠璃の『関取千両幟』に二例ある「ふる」も、「嫌う」「捨てる」の意を表している。現在でも「彼女に振られた」、「日本語学の試験を振った」などと言っている、あれである。お互い、若い頃の苦《にが》い思い出はどんな風景だったのか。『関取千両幟』のように潔くか、沢田研二の例の歌(『勝手にしやがれ』)のように格好つけてか、未練がましくか。

10　私もよしてぇ〜

かくれんぼをして遊んでいるときに私は「よして」と言うのですが、同じサークルの人で、同じ山口県の出身なのに「よせて」と言う上級生がいます。どこが違うのですか。（理・Aさん）

小学校のとき、休憩時間に「よして〜」で仲間のもとへ走っていたけど、中学生では「よして」はもう卒業していました。（経済・Kさん）

Aさんの上級生が言うヨセテは、「仲間に入れてよ」「一緒に遊びませんか」のサインの言葉。未然形ヨショー（入れよう。元の形はヨセウ）も言って、一段活用の「寄せる」である。ヨシテは[e]―[i]の母音交替で出来た語形か。「見せて→見して」「おれ（俺）→おり」「行ってくる→行っちくる」などと同じ変化の過程ではないか。Kさんによると、ヨセテ、ヨシテを使うのは小学生あたりまでか。

このヨセテ系は近畿と中国・四国地方などで盛んに使い、東日本(山形・新潟・岐阜他)でも少し聞かれる。「寄せる」は多様な意味を持った動詞なのだが、この「仲間入れ」の場面では、「頼りにする」「味方にする」「心を寄せる」あたりの意味が近そうだ。左に掲げた『万葉集』の一首もそのような意味を込めて詠われている。複合語の「寄せ鍋、寄せ棟、寄せ植え」も、みなが仲間になって一つ所に集められた姿である。寄席《よせ》だってそうである。

大伴の　名に負ふ靫《ゆき》帯《お》びて　万代《よろづよ》に　頼みし心　いづくか寄せむ(何所可将㆑寄)

(『万葉集』巻三・四八〇)

同じことをカテテ系に言う所がある。「加える」の意の「かてる」※。九州地方の中部や北部(福岡・佐賀・長崎・熊本・大分)、四国地方の香川、それに、東北地方の青森・秋田・岩手、北海道などに多い。他に、東京・群馬・埼玉・神奈川・山梨・長野・静岡・愛知・新潟・福井等々にも点々と分布する。促音の「っ」が入るカッテテ、カッチエテに言う地方もある。東北地方では濁ったカデテに言っている。

「かてる」は、古くは二段に活用する動詞「かつ」(終止形)だった。奈良時代から用例があり、東と西の両端部に偏る形に分布しており、仲間入れの言葉の中では最も古いものと考えられる。左の二例のうち、『万葉集』の方は音数律も考慮した推定の訓《よ》みだが、『日本書紀』の一例は、加点はやや下った平安時代中期以降ながら訓みは確かなものである。

醤酢《ひしほす》に　蒜搗《つ》き合《か》てて（蒜都伎合而）　鯛願ふ　我《われ》にな見えそ　水葱の羹《あつもの》
（『万葉集』巻一六・三八二九）

沈水《ぢむ》といふことを知らずして、薪《たきぎ》に交《か》てて竈《かまど》に焼《た》く。（不レ知二沈‐水一ト云コト、以レ交《カテ》、薪焼《タク》二於竈《カマト》一。（ヲコト点は省いた））
（『岩崎本日本書紀』（平安中期、院政期）推古紀）

関東地方の「かて飯《めし》」は色々の具を混ぜて炊いた味付け飯、つまり五目飯であり、東北地方に行くと、同じその「かて飯《めし》（かで飯《めし》）」が野菜・雑穀を混ぜて炊いて増量した飯を指している。仙台辺りでは、野菜や雑穀などを一緒に搗《つ》いた「かて餅《もち》」を作って飢饉に備えていた。

※文語の「かてて加えて」は、同じ「加えて」の意を持つ語句を二つ並べた強調表現である。方言では、「物事が寄り集まって込み合うさま。あれやこれやと。」を「かてつまぜつ」（対馬）・「かててまぜて」（久留米市）と言う。「まず第一に」「今現在」や「見て見て、してして」（女性が多用）も、繰り返しの強調表現である。

佐賀県出身のN君が、次頁の質問カードでカテテの生きた表現例を知らせてくれた。台所で鍋料理を手伝っている息子に、「塩、葱、白菜、人参、蒲鉾、鶏肉、豆腐を入れてよ～」と頼んでいる場面のようだ。

佐賀の生まれで、「仲間に入れて」ということを「かてて」と言っています。母の料理を手伝っている時に、「それにこれを加えて」の意味で、母は「そいにこいばかてて」と言います。
（教育・N君）

左はまた、理・H君紹介の「佐賀県の遊びの場で飛び交う」カテテである。全国共通語（標準語）も少し混じるが、少年らのやりとりが目に見える。どうやらA君は一緒に遊んでもらえたようだ。

A　おいもドッチボールかてて（僕もドッチボール（の仲間）に入れてよ。）
B　人数合わんけんかてんみゃー（人数が合わないから（仲間に）入れまいや。）
C　でもかてんぎんたかわいそうやん（でも（仲間に）入れないと可愛そうじゃない。）
D　そうだよ、かてよ（そうだよ、（仲間に）入れようよ。）

分布域が全国に広がっていて、右のカテテ系と同様に古そうなのがイレテ系である。「入れる」との意。両端の九州西部と東北地方ではあまり聞かれない故、カテテ系よりも少し新しいと考える。『古今和歌集』の例は、「今から有名な歌人たちを紹介していくが、官位の高い人はその数に加えない。」と言い、『源氏物語』の方は「心を許した婿君としては数えておいでではない。」である。

つかさくらゐ高き人をばたやすきやうなればいれず。

（『古今和歌集』（905–914）仮名序）

めざましうもてなされたれば、心とけたる御むこのうちにもいれ給はず。思ひしれとにや、このたびのつかさめしにももれぬれど、いとしもおもひいれず、…

（『源氏物語』賢木）

続いてマゼテ系。「混ぜる」である。「東日本に分布がやや多め」なのが特徴である。東北地方の中・南部（宮城・山形・福島）から関東一円（栃木・群馬・千葉他）、北陸（富山・石川他）、長野・岐阜・静岡などに満遍なく広がっている。近畿地方（滋賀・京都・大阪・和歌山他）辺りでも聞かれる。文献では中世あたりから用例が見られそうである。そう言えば、「混ぜ飯《めし》」「混ぜご飯」では「色んな具を仲間に加えて」炊いている。

「ヨセテ、カテテ、マゼテ／寄せ鍋、かて飯、混ぜ飯」、みな一緒（所）に寄せ集めている。

武道《ぶだう》を嗜《たしな》む侍《さぶらひ》も武道《ぶだう》ばかりでは、傍輩《はうばい》の不嗜《ぶたしなみ》なる者共が交《ま》ぜもせず。出頭人《しゆつとうにん》も憎《にく》む故に自《をのづか》ら不嗜《ぶたしなみ》になり、…

（『浮世物語』（1665頃）巻第二・二）

九州、関東や中部地方の一部、東北地方一帯に分布するのがカタッテ系（カタフセテ）。「語る（語らせる）」である。東北地方はカダッテになる。「かたる」は「親密にする」の意であり、今でも文語的な「人を語らって」の言い方で使っている。福岡市博多区出身の経済学部のUさんは別に、「仲間に入ることは『かたる』。真面目にグループ活動やっていない人が居たら、『ちゃんとかたって』と言います。」と教えてくれた。

これと同じ仲間で分布域や広がり方が似ているのがカタセテ系である。「かたせる」である。「かたす」のカタシテも言う。福岡・佐賀・長崎・鹿児島、秋田・山形などの各県で多く聞かれる。

むすめをばさるべき人に預けて、北の方をば率《ゐ》て下りぬべしと聞きたまふに、ひとかたならず心あわたたしくて、いま一《ひと》たびはえあるまじきことにやと、小君《こぎみ》を語らひたまへど、…

（『源氏物語』夕顔）

五六人公達候、戌時行啓、春(宮《脱》)大夫年来間語人也、(中略)非可云、為慶無極、年来芳心有此時、…

（『御堂関白記』（998–1021）長和二年正月一六日）

気が違うたか徳兵衛。われと数年《すねん》語れども一銭借つた覚《おぼえ》なし。

（『曾根崎心中』（1703 初演）生玉社の場）

中国・四国・九州出身の受講生が多いのに、「ヨセテもカテテもカタセテも言わない、普通にマゼテを使っていた。」などの質問カードがたくさん返ってきた。なぜマゼテと言っていたのか、E君はその原因を見事に言い当てている。そっけなく「カルテにたったの一行」だが、彼の診断・見立てに間違いは無い。Kさんは、文系の手法で「クレヨンしんちゃん」からの口写しだと証明する。人文学部のOさんが別途、「クレヨンしんちゃんの東北の方のお祖父さんの一人称もオラだった。」と教えてくれた。

「まぜて」は「クレヨンしんちゃん」が犯人。彼は「マゼテ」と言うのです。（医・E君）

私の出身は鹿児島です。「クレヨンしんちゃん」は幼児の言語に影響を与えているのは確かです。

私には弟が二人いるのですが、このアニメが始まったとき幼稚園に通っていた下の弟は、自分のことを「オラ」と言っていました。これは主人公のクレヨンしんちゃんが「オラ」と言っていたからです。このアニメを見ていなかった上の弟は使ったことがなく、周りにも「オラ」などと言う大人もいなかった(祖父母は「オイ」とは言います)ので、下の弟の「オラ」はテレビを見た影響がはっきりしています。（人文・Kさん）

テレビを通じて新語が全国に広がる。視覚から受ける影響は大きく、幼児や子供のまだ柔らかい頭に浸み込む。アッと言う間に、最初はグー、そうなんだ、て言うか、マジ、おかんと言い始めた。

ハメテ系が、四国地方の徳島県に濃く分布し、香川や愛媛、東北地方の岩手・山形辺りにも点在する。ハメルは、「トランプの仲間にハメテくれ」などと言う「嵌《は》める」である。分布域が西と東の離れた地点に狭くまたポツポツと見えており、偶然「それらの地で同じ言い方をするようになった平行発生」かとも思った。しかし、近世期の文献(歌舞伎)の中に、「仲間に加わる」意のハマル例があった。ハメテは、マゼテ、ヨセテ……などに押されて周辺部域に「島」のように取り残されたのか。

引請たはこの長兵衛、おれが面だけ向ふのほうもおとなしく出る故に、いづれ悪ひよふにはしまひと、コリヤ長兵衛が一枚はまつてゐる故だと思やれ。

(『霊験曾我籬』(1809初演)九幕)

「仲間入れの言葉」にもう一つ、ナシテ系がある。人文学部のTさんが別途、「長崎県北松浦郡生月町(生月島)で小学校低学年の頃ナシテ(ノシテ)を使っていた。」と言ってきた。三重県志摩郡や愛媛県などでも言う。「なす」は「移す、寄せる」の意も持つ「成《な》す」だろうか。

ヨシテ、カテテ、イレテ、マゼテ、カタセテ、ハメテ、ナシテ……。動詞の命令形をあまり使わず、連用形を助詞の「て」が受けている。そこにお願い・誘いの気持ちを込めている。この頃、受験勉強に追われ、「方言が生き生きと飛び交う友だち同士の遊びの場」がやせ細ってきたように思う。

「仲間入れの言葉」について、椙村知美氏は、「仲間外れの言葉」と比較しながら、文献記載、分布解釈、変化の特徴等々、多様な視点から論じている。分布域を含め教わるところが多い。

11　雪に変わりはないじゃない

（1）混交現象もいろいろ

混交は、不注意のうっかりから複数の語句・表現が混ざり合って起きる現象である。（以下、×印は掛けるの意。）

雨が降らないうちに～×雨が降る前に～↓雨が降らない前に～

見上げると空模様が怪しい。「雨が降らない前に帰りなさい。」を聞いてオヤッと思う。この「雨が降らない前に～」表現は、右に挙げた「表す内容の似た二つの物言い」が意識され、文の流れに沿って、×印に先立つ「語句・文」の前半部と×印に続く「語句・文」の後半部とが混ざり合って出来た表現である。背景に、「降り出さないうちに…」という思いも働いたか。島崎藤村の小説『夜明け前』にも、「あの時は、お粂さんもまだ植松のお嫁さんに行かない前で…」の他、多くの混交例が見つかる。

左に挙げた一九六四年(昭和三九年)に作られた流行歌『お座敷小唄』の一節も、傍線部が混ざり合って出来たものと考えたが、別に、「口語表現の『雪に変わりはないじゃない』の傍線部が文語の形容詞『なし』に置き換えられた。」との解釈もある。形容詞「遣《や》るせない」の「ない」の部分を文語の打ち消しの助動詞「ぬ」に置き換えて成った「月に遣るせぬ我が想い～」(古賀政男作詞・作曲『影を慕いて』)と類似した誤用だとの考えである。

雪に変わりはない ×雪に変わりがあるじゃなし ↓ 雪に変りはないじゃなし

山口、広島両県などでは強調の副詞にブチが使われる。山口県内の七〇歳代半ばの男性は、「ブチは、六〇年以上前、自分が中学生の頃あたりから広がってきた。それまでは言ったことも聞いたこともなかった。」と振り返られた。新方言なのである。これは一案だが、その後、北部九州や山口県に(近年は関西圏にも)新種のバリが顔を出してきて、六〇年以上使ってきたブチと接触をした、ここでも同じ二通りの混ざり合いが起きて、今まで無かったブリとバチという新しい方言形が出来てきたと考える(山口県では、ブリは二〇年程前の若年層から出現し、バチはやや遅れて登場してきた)。

ブチ×バリ↓ブリ／バリ×ブチ↓バチ

私は「すごい」の意味で「ばり」って使いますが、「ぶち」が原形、「ぶり」は比較級で、「ばり」が一番強めの最上級です。
（人文・Yさん）

山口では、「すごく」のレベルが、ぶち、ぶり、ばち、ばりの順で上がっていくと友人が言っていました。「ぶちうまい＜ばちうまい」なんですね。
（経済・U君）

山口では「ぶり」って言います。「ぶり暑い」とか。私の中での最上級は「ぶりくそ」です。
（理・Kさん）

友だちがよく「まぶりくそ」という言葉を使います。聞くと、山口弁で「ぶら」を強調した言葉らしいのですが、その人以外の県民が使っているのを聞いたことはありません。
（理・Y君）

右の四人の意見を総合して、山口県でのブチをめぐるこんな状況を考えてみた。

山口県で使い続けてきた強調の副詞ブチの賞味期限が切れかかり、その強調度が弱まってきて、目新しい(外来種かも)バリの方がより強い表現だと意識される。両者が親となって掛け合わさり、ブリとバチ二人の兄弟が生まれた。強調の度合いは両親の中間あたりと見込んだが、U君はバチに軍配を上げている。語頭にバ音が来るバチには、新種として広がった強いバリの血(バ)が匂うからだろうか。ブリの方もバチなどに負けるものか、或いは、使い込んで少し弱くなった強調度を回復しなければと思って、クソを後ろにくっ付けてブリクソ形を作りバチに追いつく。さらに、その頭に強調の接頭語のマを乗せたマブリクソにして一気にバチを追い越し、「最上級」のバリと肩を並べるまでになった。

六者の強調の度合いは、「ブチ↓ブリ↓バチ・ブリクソ↓バリ・マブリクソ」の順に強くなる。

この、より強調度の強い表現を求めて繰り返された「語形の改新」は、「大きい」の意を言うイカイ(厳)からの変化、「イカイ↓ドイカイ↓デカイ(連母音の相互同化※)↓ドデカイ」とよく似ている。「使い古されて強調の効き目が弱まる」のを何とか防ごうとしている。

※相互同化…連続する母音が融合して中間的な性質になること。

(2)　方言と全国共通語がせめぎあう

混交現象は、慣れ親しんだ方言と外から流入してきた全国共通語とが接触しても起きる。

「充足していない」の意は、西日本では「足らん」と言う所が多い。そこに全国共通語の「足りない」が伝播してきて、元からの方言の「足らん」と接触する。(1)の強調の副詞の場合と同様、両者が二通りに混ざり合い「足らない」と「足りん」※が生まれる。これで四種類の言い方が勢揃いする。

※中部地方西部でも聞く「足りん」を徳川氏が江戸に持ち込み、「脳足りん」も急速に全国分布したか。

タラン×タリナイ↓タラナイ／タリナイ×タラン↓タリン

接続詞（接続助詞）の「じゃけー（じゃけん）」は近畿・山陰・鹿児島県辺りを除く西日本に多い。そこに全国共通語の「だから」が流入してきてそれと接触する。ここでも二通りの混ざり合いが起きて、以前には無かった「じゃから」と「だけー（だけん）」が生まれる。四種類の言い方が勢揃いする。

ジャケー（ジャケン）×ダカラ↓ジャカラ／ダカラ×ジャケー（ジャケン）↓ダケー（ダケン）

「ご免けど」という若者言葉がある。これを私は、「ご免なさい×悪いけど」、或いは「ご免なさい×済まんけど」の混ざり合いで出来たものだと考えていた。「その有力な証拠、見っけ！」と思ったのは、長崎県出身のH君が次頁の質問カードで知らせてきた、「ご免なさい×悪かばってん」の混ざり合いで出来た？「ご免ばってん」の存在である。両者は同じ変化の道筋ではないか。

出身は長崎県。「ごめんばってん」と言います。「ごめんなさい×悪かばってん」の混ざり合いですか？　（経済・H君）

私は、「ごめんけど」は「ごめん×すまんけど↓ごめんけど」で出来たのではないかと思います。つまり、「すまん」のところを「ごめん」に入れ替えたという変化です。どうでしょう？　（人文・Iさん）

この見方に対してIさんが異論を出してきた。「ご免けど」は、「済まんけど」の「済まん」を単に「ご免」に置き換えた（「ご免×済まんけど」）、つまり、「一方の表現の全体に他方の表現の後半部をくっ付けた」混交現象なのではないか、右のH君の「ごめんばってん」も「ご免×悪かばってん」で出来たのではないかと言ってきた。確かに、「多い×多かった↓多いかった」や「おらん×いなければ↓おらんければ」など、結構これの類例はある。先の「雪に変わりはないじゃなし」も、「雪に変わりはない×雪に変わりがあるじゃなし」の成立ならば、これと同じ変化の過程になる。

そして、それと対照的な、「一方の表現の前半部に他方の表現の全体をくっ付けた」混交現象もある。「全然良くない×悪い↓全然悪い」や「全然心配いらない×平気↓全然平気」などである。

Iさんの見方も「十分成り立つ」と思えてきた。言葉は、なかなか一筋縄ではいかない。人の心が動いては生まれ、生まれては変化し、時には消えていく、そんな「生き物」なのである。

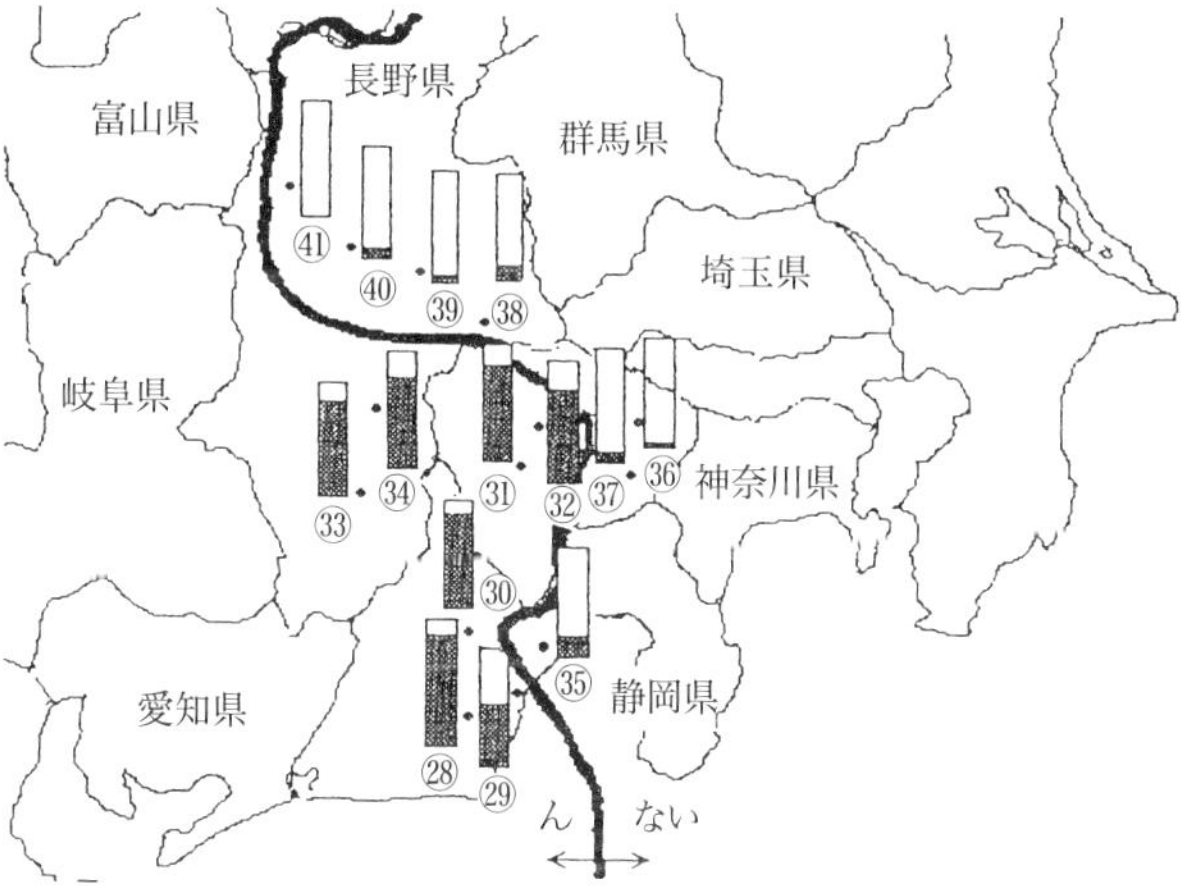

黒塗りはその言う度合、番号は調査地点の通し番号

図１　「行かんくなる」の境界線

右に関連して、急速に若者の間に広まった表現「行かんくなる」を思い出した。近年、西日本から中部地方中部辺りまでの一帯でよく聞かれる。「行かなくなる」の「行かな」のところを「行かん」に置き換えた、つまり、「行かん」（方言）の全体に、「行かなくなる」（全国共通語）表現の後半部をくっ付けた混交である。「言わんくなる」「為《せ》んくなる」、いくらでも出来る。

行かん×行かなくなる→行かんくなる

この問題を論じたのが、山口大学院生だった時見隆一氏の「方言語形『行かんくなる』の形成について」（『山口国文』第一九号）である。少し加筆修正しながらその留意点をまとめてみる。

①「行かんくなる」は、打ち消しの助動詞「ん」を使う地方に重なって分布し、「ない」を使う地方（静岡東部・山梨東部・長野北部・新潟中部とその東側の東日本）ではほとんど聞かれない。

②「為《せ》んくなる」は、西日本から中部地方中部辺りまでの多くの地方で言う方言形「為《せ》ん」の全体に、全国共通語「為《し》なくなる」の後半部分をくっ付けた混交で生まれた表現である。なお、「為《し》ない」を「為《し》ん」と言う山梨県中部などは、「為《し》んくなる」になる。

一〇七頁の図1（時見氏作成）には、新方言の「行かんくなる」を言う地方と言わない地方の境界線がくっきりと見えている。新潟県域の分布相は記入されていないが、「行かん」（打ち消しの「ん」）を言う同県の西部や佐渡島などでは「行かんくなる」表現も聞くのではないか。

近畿出身の私は、「言わん」も言うけど「言わへん」も使います。「言わんくなる」も「言わへんくなる」と言います。（医・Nさん）

「言わへんくなる」は、「言わへん」（近畿方言）の全体に「言わなくなる」（全国共通語）の後部要素をくっ付けて成立した、つまり、「言わなくなる」の「言わな」のところを「言わへん」に置き換えて出来た表現である。このNさんの指摘した現象も、「行かんくなる」は「行かん×行かなくなる」↓

行かんくなる」で成立した、その解釈を裏付ける傍証になる。

(3) 混交現象見つけ

中学生の頃、同じクラスの人が「チリッシュ持っとらん？」と言っていて、変なことばだなと思っていたのですが、もしかしたら、それは、先生のおっしゃるコンタミネーション(混交)とやらで、日本語の「ちり紙」と英語の「ティッシュ」が混じったものではないでしょうか。

(人文・Kさん)

哲学者然とした風貌の太田聡氏(英語学)が、おもむろに、「埃《ほこり》を拭き取る商品名の『ダスキン』は、英語の『dust』と日本語の『雑巾』の混交ですよ。」とおっしゃった。混交はまた英語と英語の間でも起きてくる、「smoke × fog → smog」(煤煙や排気ガスが混ざり合った霧・もや)もその一つである。「カタクマ(カタウマ)×テングルマ→カタグルマ」の肩車や「シモバレ×ユキヤケ(カンヤケ)→シモヤケ」の霜焼けを紹介すると、学生たちも堰を切ったように混交現象の体験談を寄せてくる、日本語を捉えるアンテナの感度が上がってきた。この他、「破《やぶ》く」も「破る」と「裂く」の混交だと気づいた「手応え十分」の質問カードもあった。

> 先生、私も混交現象を発見しましたよ！　それはある雑誌を読んでいる時、目についたことばなのですが、おそらく、「懐が深い」と「心が広い」が混ざってしまったのでしょう、「懐が広い」なんてことばを見つけました。思わず「混交現象だっ！」と叫んでいました。（教育・Kさん）
>
> アナウンサーも、顔ばかりでなく日本語力も磨いてほしいと思います。時間の「十分（ジップン）」をジュップンと言っています。結構みなジュップンが正しいと思っています。十時《じゅうじ》のジュと十分《じっぷん》のップンが混ざった「ジュップン」でしょうか。十《じゅう》分（充分）のジュとも混ざる？（農・Nさん）
>
> ある教授が授業の説明の途中で、野球の打つ構えをして、「ボール」（[bɔːl]）と言うべきところを、思い切り「バール」と間違えて言っていました。これは、「バット」と「ボール」が混ざったのだと思います。一瞬にして混交現象が起こった？（理・J君）
>
> 私は、昨年から、教育学部の土曜日の生涯学習授業の「奥の細道を読む」を受講していますが、講師の先生は藤原ノリ子先生だと思っておりました。つまり、藤原紀香＋藤原マリ子→藤原ノリ子となったわけです。これも混淆《（ママ）》現象でしょうか。（社会人・S氏）

長年の誤解が解けた社会人学生のS氏は、「そんなことだったのか！」と思わず膝を打っている。音までが聞こえるようだ。藤原マリ子先生にお知らせすると、一言「光栄です。」とにっこり微笑まれた。

私の母は湯布院出身なのですが、たまに「由布院」と書いてあるものを目にします。近くに山布岳があるので、「由布岳×湯布院→由布院」となったのでしょうか。（医・Sさん）

Sさんの気付き、そうなのかなと思ったが、役場に直接問い合わせてみると事実関係は違うようだ。元々隣り合って湯平村と由布院町があった。両者が一九五五年（昭和三〇年）に合併して、「湯布院町」が出来ている。旧の村名と町名の混ぜ合わせだった。近年、風光・温泉に加え芸術面での斬新な企画でその名が全国に知られてきたが、平成の大合併で消え由布市になった。豊後富士とも称される由布岳に抱かれ、改めて秀麗なお山と同じ名前を取ったのだろうか。かつての由布院町に少し先祖返りしている。

江間章子作詞・中田喜直作曲の『夏の思い出』という歌の一節を、妹と一緒に「♪しゃーなこつぶれば思い出す」と歌っていた。一番の「夏が来れば思い出す」と「しゃくなげいろに～」、二番の「まなこつぶれば～」、三者がごちゃ混ぜだった。

12　添田様〻

「～様〻」の「〻」はなぜ「〻」と書かれるのでしょう。

（人文・Sさん）

質問はたったの一行だったが、これには全く虚を突かれた。そんな「〻」など見たことがない。「一週間宿題にしま～す。」と宣言してその場を収め、出直そうと思ったのだが、すぐにサラサラ、質問カードに鉛筆を走らせる気配がするではないか。知らぬは私ばかりだったようだ。

小学生の頃「〻」をよく使ってました。使用者は女の子で、手紙交換の時に使いました。男の子がやってるのを見たことがありません。仲間内の文字だったのではないでしょうか。

「へ」はあまり特徴がない文字なので、他と見分けがつくようにしたのではないでしょうか。

(人文・Kさん)


英語の「Z」を数字の「2」と区別して「Ƶ」と書くようなものです。

(人文・Sさん)


助詞の「へ」を「え」と読みなさいよ、つまり、[he]と読ませないようにした記号でしょう。

(人文・Iさん、Oさん)


「〆」と表記することで、だれそれに対する手紙、伝言であることを示しているのではないでしょうか。文中では使いません。「〆」と書くことで、方向を示すのではなく誰かに対する「へ」だと分かります。まさか「おなら」との区別ではないでしょう。

(人文・Tさん)


母に「これは何?」と聞くと、ただ一言「飾りよ。」と言われました。

(人文・N君)


私の「〆」の字の予想なのですが、弓矢に似せているのでは?「山田さん〆」で、「山田さんの所へ飛んでいけ」の意味を込めているのではないかと思います。

(人文・Sさん)


「〆」は、ただ、単に女の子のかわいさを出すものだと思っていました。「へ」にハートのマークを刺したりもしていました。「〆」です。何か足りなくて…。

(人文・Nさん)


最近は見なくなりました。メールが手紙に取って代わったこともありますが、手紙で書く時でも、いまや記号の「↓」や英語の「Dear」や「To」が使われ、「〆」は死字?になったのでは。女の子の趣向が記号や英語に転換した。パソコンでは「顔文字」ですかね。

(人文・T君)

普通「へ」と言う時は、後に「行く」とか「送る」とか「向かう」とか続くと思う。「〜ちゃん𛀁」の場合、「〜ちゃんへの手紙」「〜ちゃんへ送る」というのがあり、後半を省いて表しているのが「へ」の「〃」なのでは。続く語があるがここで止めているという記号だと思います。

（人文・Iさん）

小学校の低学年では「〜ちゃん𛀁」、高学年では少し脱皮し「〜さん𛀁」、中学校に上がると習いたての英語の「dear」や「to」を混ぜ、一段と格好良くする。右は女子学生から返されたカードが多い。

「𛀁」は宛名にだけ使う、続きは無しのサイン！ 文中ではただの「へ」と書く。

N君の母親は「飾りよ。」ときっぱり言い放ったが、ちょっと的を外したかな。

『朝日新聞』二〇〇六年八月七日付の朝刊に、開店祝いの花輪の「○○屋さん江」に関する面白い記事が載っていた。これ、「𛀁」のさきがけだと考える。大体こんなことだった。

変体仮名の「江」を江戸時代の手紙類で使っていた。元禄期の頃から、贔屓筋《ひいきすじ》が歌舞伎俳優に贈り届ける幟《のぼり》には『○○丈江』（丈は役者の敬称）と書いていた。

記事は続けて、助詞の「へ」をなぜ「江」と書くのかと思案し、左の①、②、③三つの理由を挙げていた。Tさんは①をどう思うかな。因みに、江戸時代前期頃は「へ、え、ゑ」みな[je]と発音した。

①「へ」では「屁」を連想してしまうから。

②「江」は下に来ると書道的に格好良い字体だから。

③川の意味で末広がりのイメージがあって縁起が良いから。

現代の「𛀁」は一体何ものなのか。私はもう一度次のようにまとめる。

Iさんの質問カードをはじめみな良いところを突いている。「𛀁」は、言わば友だち同士の間で限定的に使われる「隠字《いんじ》」？　女の子が愛用した一種の仲間内の記号であり今様の「江」である。

「添田先生𛀁」と書いて寄こす、そんな「女の子」など居るわけないが、「だから知らなかった。」では言い訳になる。Kさんの「男の子がやっているのを見たことがありません」、Nさんの「単に女の子のかわいさを出すものだと思っていました」、この二つの証言も貴重だと思う。三〇年以上前だったか、「わたしもいーっしょ（一緒）」の丸文字の変体少女文字（山根一眞氏が命名？）が流行《はや》っていた。彼女らも五〇歳に近いか。歳月は流れ、今は携帯メールの絵文字の時代である。

13 「おひめさん」と「オトノサン」

（1）他人《ひと》から物をもらうと「ものもらい（麦粒腫）」が治る

熊本県の友人は、「ものもらい」をオヒメサンと言います。よく聞いてみると、上まぶたに出来たものをオトノサン、下まぶたのものをオヒメサンと言い分けるそうです。（人文・Tさん）

Tさんは、友人某《なにがし》から、「ふるさと熊本県では、麦粒腫《ものもらい》は膿んでくる場所の違いで二通りに言い分ける。」と教えられた。オトノサン形は、次頁の図2の原図に当たる『日本言語地図 第3集』（大蔵省印刷局 一九八三年）第一一二図にも見つからない。それを考えると、最近になって工夫された使い分けなのだろうか。伝え聞きを紹介してきたカードだったが、友人の説明の「上まぶたの麦粒腫がオトノ

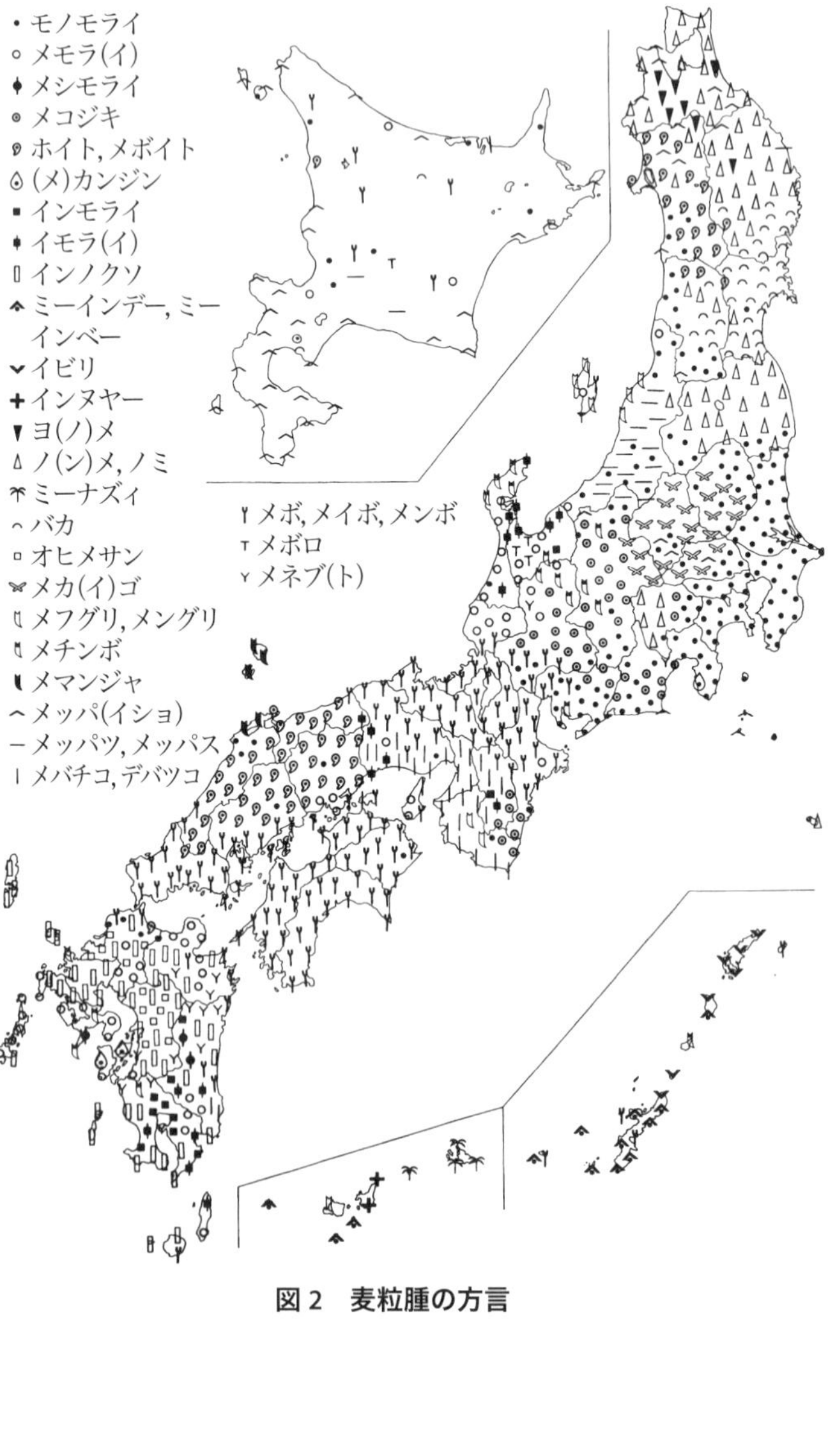

（佐藤亮一監修『お国ことばを知る　方言の地図帳』（小学館　二〇〇二年）六一頁の「ものもらい（麦粒腫）」より）

図 2　麦粒腫の方言

サン、下まぶたのはオヒメサン」自体は、よく筋が通っており合理的である。その分信憑性が高そう。
この区別、表す意味の範囲を棲み分けた、「両形併用する混乱」を避けた「意味の分担」である。
九州西南部の一部の地方での「揺れの弱い地震はナエ、強い地震の方はジシン。」も似た分担の例である。「地震」は、中国から伝来した漢語で用例が『春秋左氏傳』や『國語』、『漢書』その他に見えるが、日本語の歴史としては和語のナイ、ナエの方が古い。官撰の史書『日本文徳天皇実録』は「一〇〇〇年以上昔の地震の時にも鶏や雉が鳴き騒ぐ」その様子を記している。変わらないな。例えば、当否は別として、「春の彼岸頃に食べるのがボタモチ、秋の彼岸頃に食べるのがオハギ。」なども意味の分担になる。

臣《おみ》の子《こ》の　八節《やふ》の柴垣《しばがき》、下動《したとよ》み　地震《なゐ》(那為)が揺《よ》り来《こ》ば、破《や》れむ柴垣。

(『日本書紀』(720) 武烈天皇即位前紀)

辛未。地震。従二西北一来。雞雉皆驚。

(『日本文徳天皇実録』(879) 巻二・嘉祥三年八月辛未)

麦粒腫の方言の一つにモノモライがあります。昔からの言い伝えで、他人から物を貰って歩くとその病気が治るというのがそう名付けた由来らしいです。『日本民俗大辞典』(吉川弘文館二〇〇〇年)の中の「男の末の子に障子の穴からむすびを貰って食べる」もそんな伝承の一例。

モノモライの呪《まじな》いには、「木櫛の背で畳をこすって患部へ当てる」「男の末の子に障子の穴からむすびを貰って食べる」「井戸に篩《ふるい》を半分見せて治ったら全部見せるという」（長野市松代町柴）のように、同一地点で異なる複数の呪いを行う例が幾つかあり、…（『日本民俗大辞典』）
偸針眼《モノモラヒ》（『書言字考節用集』（1717）第五冊・三六）
うつとしき眼の門口に物もらひ（『しげり柳』（1848））

これ雑俳の例。麦粒腫の方言は、山口県を除く中国地方四県と秋田県、山形県北部に目立つメボイト・ホイト系、中部地方や近畿の一部にあるメコジキ系、熊本県天草のメカンジン系はみな、先ほど述べた、「人に乞うて物をもらう（施してもらう）とこの病気が治る」といった発想（伝承）から出来ています。「ほいとう（賠堂）」「こじき（乞食）」は漢語で「物乞い」を言い、「かんじん（勧進）」も「寄付を募る」意の漢語、いずれも仏教用語でそこから方言に転じたものです。九州南部の鹿児島・宮崎両県などに見えるインモライ系も「飯《いい》もらい」で発想が似ています。福岡・長崎・大分・宮崎四県のメシモライ、メモライも繋がるかもしれません。中部（北陸西部）にも似た対比が見えます。長野県の一部や埼玉・群馬・栃木辺りのメカゴ系は、『日本民俗大辞典』が言う呪《まじな》い（篩《ふるい》を半分見せる話）と関係がありそうです。一七世紀初め頃の『日葡辞書』も、「まつ毛のあたりにできる疣のような眼病」などと言ってイイモライやメイボを挙げています。

一方、近畿地方や四国、広島県南部、山口県、九州の北端等に広がるのがそのメイボ系です。メボの外側に分布してメイボやメンボが古そうに見える点に注目すると、メイボ(目の疣、目疣)から訛ってメンボ、短縮してメボになったと考えられます。他方で、メボの分布の方が外側にあると見てメボの方が古いとの見方もあります。どちらにせよ、メボイト・ホイト系とは発想が大違いです。また、語源ははっきりしませんが、新潟県と近畿地方の中心部はメバチコ(メッパツ)系です。目に違和感があるように感じて新しく言い始めたのかな。最近の調査では、それが岡山県辺りまで広がっているようです。青森県のヨノメ系は「魚《うお》の目」？　青森・岩手・福島三県に特に目立つノメ(ノンメ・ノミ)もその省略形と見られます。

もう一つの言い方はオヒメサン系です。九州の西南部の一部地方(熊本県など)にあります。これは綺麗に言って汚さを遠ざけようとして名付けたものです。隣り合った地方を含んで、一転インノクソ(イヌノクソ)系に言う所があり、分布はオヒメサン系よりずっと広そうです。東北地方に多いバカ系(山形県東部・岩手県南部・宮城県の広い一帯と九州のごく一部(図2の原図参照))同様、モノモライと言ってしまうと発病して縁起が悪いと思い、綺麗の反対の悪口を言って麦粒腫にならぬように願っています。よくもまあ同じことを考えますね。

武蔵坊弁慶を連れた源義経一行の逃避行は、「勧進帳を持参し、寺社の建立・修理などの寄付を募る」山伏の姿に身をやつして東北の平泉をめざした。

メイボは、井戸の前に立って、目に小豆をはさんでまぶたをひらいて小豆を井戸に落とすと治ると小さい頃に聞いたことがあります。山口県下松市の笠戸島の出身です。なぜかは分かりません。

（人文・Aさん）

私は、ものもらいは、目の横に出来るので目から栄養をもらってできると考えていました。一種の寄生です。そこがホイトやカンジンと似ています。

（人文・M君）

「施し」をすれば、善いことをしたことに免じて「よし、よし」と神様に麦粒腫を治してもらえるのなら分かる気がしますが、「施し」をしてもらうと治るというのはどうしてですか。麦粒腫は目に寄生している、そこが物乞いと通じるのか？　それでどうだと言うのでしょう。（教育・Sさん）

麦粒腫は、以前は、衛生観念や生活環境の悪さ、疲労、栄養不足などで頻繁に発症し、汚さでは洟垂《はなた》れ小僧と良い勝負の腫れ物だった。命に関わることは無いのだが見た目が悪い、他人《ひと》に会わせる顔も無い、度々出来るから何とかしたい、そんなこだわりからたくさんの方言が生まれてくる。

治療法については各地に様々な「民間伝承」がある。それを、『柳田國男全集』の「食物と心臓」（モノモラヒの話）が詳しく紹介している。特に多いのは、「他人から物をもらって歩くと治る」と伝えるものである。別に「麦粒腫に繋がりそうな物を捨てると治る。」とも聞いた。例えば、「わらすぼ（藁の芯、わらしべ）で輪を作って結び取るかっこうをし、それをいろりで焼くと治る。」（広島県央の老女）や、前頁の「井戸の前に立って、目に小豆をはさんでまぶたをひらいて小豆を井戸に落とすと治る。」（山口県のAさん）もあった。他に、「大豆が落ちたかと思ったらメボが落ちた、と言いながら大豆を落すと治る。」と伝える所もあるようだ。そう言えば、小豆や大豆の丸い実はその形が麦粒腫の疣《いぼ》に似ている。

M君は麦粒腫が目の縁などに出来る理由を考えている。曰く、「目の横に寄生しそこから栄養をもらって出来る。」のだと言う。「もらう」という同じ行為を、治療法を伝える民間伝承とは反対の立場から見つめている。Sさんの方は、なぜ、「麦粒腫は他人《ひと》から施し物をもらって歩くと治る」と言い伝えるのか、その治療法（処方箋）の根拠を知りたいと言っている。

湯川洋司氏（民俗学）が、柳田説を紹介しながら、民間伝承の背景にある深い意味を教えてくださった。いつものもの静かな語り口である。さて、M君と民間伝承、両者の間にどこか接点があるだろうか。

柳田國男の「モノモラヒの話」によると、近所の三軒ないしは七軒から米や飯を貰い歩き、それを食べると麦粒腫が治ると伝える所が多い。これは、「各地の小正月の朝に作るお粥を七軒の家から貰って歩くと難治の持病も癒える」と伝える習俗の「七軒貰い」とも関係するのではないか。食物を他人に分け与え、同時にその人の持つ「力」も与え、それで病を克服しようとする。そんな「合力」の思想に支えられた習俗である。お百度参りなどもこれに通じるもので、家人だけでなく近所の人も協力を惜しまず参ってくれ、それが「困難を克服する力になる」という発想だと考えている。

「麦粒腫に関わるものを井戸や橋から捨てる」という伝承は、そこを人界と異界、生死の境界線と考えたものだろう。捨てることでこの腫れ物が治ると言い伝えている。

（『山口大学保健管理センター便り』第一三三号（一九九四年）所収の「鰯の頭も信心から」を参照）

また、「日清戦争頃に始まり日中戦争頃に盛んだった千人針（晒木綿《さらし》などに女性が赤糸で結び玉を縫い付ける）も、この伝承、発想に繋がる自己防衛のための、凄《すさ》まじくも悲しい知恵かもしれない。」とおっしゃる。日の丸の旗に書き込んだ親兄弟、友人、知人らの寄せ書きはどうだろうか。

「人から施し物をもらうと治る」という民間伝承は、私たち日本人の心の深い底を流れる「物質、精神両面の合力の思想」に基づいているようだ。私も、「施し物をもらって食べると栄養が付いて病気が治る」と考えてみたが、単なる「栄養面での合力」は「下手の考え休むに似たり」だった。

私は熊本県出身なのでオヒメサンと言うけど、同じ生粋の天草人の祖母に電話して訊きました！「オヒメサンとも言うけど、小さい頃は大体ジェンモンと言っていた」そうです。全く違っていたので祖母にそう言われたときはびっくりしました。（人文・Kさん）

語頭の音節が口蓋化音の［ʒe］になるジェンモン（禅門）は、天草地方でよく聞かれる方言でゼンモンよりも一つ古い語形・発音である。この「禅門」も「仏門に入った人」を言う漢語で物乞いに転じた。

（2）ものもらい（麦粒腫）の悩み

九州西南部の一部の地方では、麦粒腫のことを上品めかしてオヒメサンと言っている。

先ほどの『お国ことばを知る 方言の地図帳』は、インノクソ（犬の糞）は、「タブーによる命名で、『ものもらい』の名を口にすることを恐れ、わざと汚いことばにして遠ざけようとしたものか」と説いており、オヒメサンの方は、「インノクソを逆方向に言い替えた（美化した）ものであろう」と説明している。後者は、綺麗めかしてオヒメサンと言い直している。美しく名付けたその言葉の力を借りて、「目にできた汚い腫れ物を治したい」と願ったのである。古代によく見られた言霊信仰（言葉には、言った内容の通りの状態を実現する霊力が宿っている）に由来した発想である。「お姫さん、お姫さん」と褒めあげ、その言葉の（意味の）持つ霊力によって、この気になる麦粒腫の辛さや災いを振り払おうとしている。

九州地方では、インノクソ系とオヒメサン系が左のように分布する。

インノクソ系の分布は熊本県を含む九州地方のかなりの地域に広がっている。
オヒメサン系はインノクソ系より分布域が狭く熊本、福岡両県の一部で言っている。

インノクソ（犬の糞）とオヒメサン、汚いと綺麗、全く対照的な呼び方である。九州の西南部には広くインノクソの勢力があり、それに隣る一部の地方にオヒメサンが分布している。そのような「広いと狭い」といった対比的に分布する姿が、却って、「インノクソは敢えて汚い言葉を選んだタブー（禁忌《きんき》）によって名付けられたもの、オヒメサンの方は美化することで汚さを払おうと思って呼び換えたもの」との見方を裏付けているようだ。インノクソ系よりもオヒメサン系の方が新しい方言なのである。人の心理が両極に揺れ動いて、時として考えを翻《ひるがえ》す。一方の発想があって初めて他方の発想も頭をもたげてくる。遊女評判記の『嶋原集』には、「（汚くて）多いものの代表が犬の糞だった」と思わせる記述があった。確かに犬は所構わずする。

抑《そもそも》。傾城の品四つなり。将《はた》これにいふは。松梅《まつうめ》の。二くさ也。此ほかの、かこひはしの女。その名聞ゆる。かしらにわく。虱《しらみ》のはひひろごり。ちまたにしげき。犬のくそのごとくおほかれば。これをのせす。

（『嶋原集』（1555））

麦粒腫も、汚いと言われては肩を落とし、手の平を返すように「綺麗だ」と褒められて天にものぼる。
「もういや、どっちかにしてよ〜」と悩んでいるかもしれない。

　この麦粒腫、岩手・宮城・山形の各県ではバカと呼んでいる。注目は、それに隣り合って狭く秋田県の東南端に分布するダンナサンである（図2の原図）。バカとダンナサン、この分布は、九州地方におけるインノクソとオヒメサンのそれと相似形である。ただ、それの「各図の説明」は、「上まぶたに出来るものがダンナサンで下まぶたのそれはホイト」と記す。東北の場合はオクサンは無い？　先の熊本県の方は、伝聞だが、「上まぶたの麦粒腫がオトノサン、下まぶたのそれはオヒメサン」だった。

　九州地方のオヒメサンは、隣り合って聞かれるインノクソよりも分布域が狭かった。東北地方のダンナサンも、バカに比べると分布域がずっと狭くて数地点しか見つからない。日本の東の端と西の端によく似た発想・捉え方が見られ、そして、どちらも美化した方言形の分布域の方が狭くなっている。これは、中にはそのように発想し直す（言い換える）地方もあったということなのか。日本人の深いところを流れる共通の心象風景を見ているようだ。

(3) 亀虫も「おひめさん」

麦粒腫《ものもらい》の方言のオヒメサンを聞いて亀虫を思い出す学生が多かった。

私は兵庫県の出身ですが、幼い頃、ヘコキムシのことを「おひめ」と言う人がいました。行商をしていた人でどこの人かは分かりません。不思議な言い方だなと感じていました。(人文・Iさん)

かめむしって「ホウムシ」とも言いますよね。芳虫、あれは、あの独特のにおいから来ているのでしょうか。家から追い出す時には、「姫さん、姫さん…」と言って紙に乗せて外に捨てます。クサイ臭いを出さないようにわざと逆に言っているんですね。(人文・Aさん)

かめむしは、私の出身地の松江の西側の出雲地方では「おじょろさん」と言います。(教育・Sさん)

亀虫は、亀の甲羅に似た六角形の体型から発想して付けた名前である。晩秋や春になると大発生する。触るやいなや異臭を出し、人の気配を感じると落ちて逃げるという芸当までこなす。臭いことも厄介だが、農家は特に稲・野菜などの食害を嫌っている。Iさんが言ったヘコキムシは『日葡辞書』の中にも登場し、一七世紀の初め頃には棲息して人を悩ましていた。いや、文献に現れる以前から日本に居て

「ほんまに臭いのう」と大迷惑していた。ポルトガル人の宣教師にも「ほれ、あの虫よ。」と教えている。

亀虫は、中部・近畿地方の方言でもヘコキムシと言うが、同じ名で班猫《はんみょう》や三井寺塵介虫《みいでらごみむし》や糞転《ふんころがし》を指す地方もある。『日葡辞書』に併記されるヘヒリムシは亀虫か。所によってはヘッピリムシとも言う。

今度Ｉさんに会ったら、「兵庫県(但馬)でもヘコキムシと言うようだよ。」と伝えておこう。

Fecoqimuxi.　さわると悪臭を放つ小虫。
Fefirimuxi.　さわると悪臭を放つ小虫。
（『日葡辞書』）

私は「ホウムシ」と昔から呼んでいました。もっと小さい頃は「ジャコウムシ」でした。地域でもそう言う人は少なかったのですが、そのうち、カメムシと言うようになりました。どこからその呼び方がやってきたのか分からなかったです。

（人文・Ｗさん）


ＡさんやＷさんのホームシは芳虫か放虫か？　山口市(旧徳地町)出身のＫさんもホームシと言う。

ジャコームシは強い匂いを発する麝香※をイメージして付けた名前だと思う。「ジャコー〜」(麝香草、麝香猫、麝香鼠、麝香溝酸漿《みぞほおずき》……)は、強い匂いや悪臭を放つ動植物の名に多く見られる。ホームシの名の由来が「芳虫」だったら、「匂いを出す」点で両者は繋がることになる。

※麝香…麝香獣の雄の腹部の腺嚢から出される分泌物である。奈良・平安時代あたりからその名が見える。中世の節用集や近世初期の俳諧にも出てきて、庶民も知っていたようだ。

「役に立たない虫だと発想した『雑魚虫《じゃこ》』の意でジャコームシと付けた」可能性は無いだろうか。雑魚がジャコと発音された例はある。例えば、「じゃこ(目高、中国地方他)」、「じゃこねんば(取るに足りない者・つまらない者、島根県)」、「じゃこんばい(目高、岡山県)」等々である。ただ、「麝香虫」と呼べば、亀虫の放つ強い匂い、悪臭そのものをストレートに表現できるが、「雑魚虫」では表現が婉曲的で遠回しになる。発音も延ばさないジャコムシではない。

> 私の父は、カメムシのことをはっとうじと言います。しかも、家の中でカメムシを見つけ、取って外に出そうとするとき、「えーにょぼ、えーにょぼ」と言います。
>
> (人文・Hさん)

亀虫を、「オヒメサン(お姫様)」(Aさん)と呼び「エーニョボ(良い女房)」(Hさん)と唱えながらつまみ出す。いや、鼻をつまみ、顔を背《そむ》けながら掃き出す。島根県の出雲地方や長野・新潟・兵庫・群馬各県などでは、亀虫をジョロー系で呼んでいる。異臭・悪臭から逃れるため、姫さん、お姫、良《え》え女房、お女郎さんと、「綺麗な女性を連想する表現や〜い」と探し回り、これはという名前を思い付いては次々と繰り出していく。先ほどのホームシも、ことさら綺麗に「芳虫」と呼ぶことで、その堪《たま》らない臭さを拭おうとしたのかもしれない。もっと端的に「屁放《ひ》り虫」を音読みした「放虫《ほーむし》」なのか。
梨を「有りの実」、するめを「あたりめ」、すり鉢を「あたり鉢」と言うことがある。これらは忌み詞《ことば》で、「無《な》し」や「擦《す》る」という言葉がただよわせる「芳しくない響き」を避けようとして作られた言い方である。「死」を嫌った「よん(四)」、「悪《あ》し」を嫌った「よし(葦)」もある。出来れば身に降りかかる嫌な状況から逃れたい、連想したくない、思いは誰しも同じである。

カメムシのことを「姫さん」と言うのは、食べ方が汚い時にお祖母ちゃんなどが、「まあ、上品に食べてからに!」と逆に言って、良くないよと注意するあの発想と一緒ですか?（人文・Mさん）

私が両手に何か荷物を持ち、手が使えない状態でふすまなどの引き戸を足で開けようとする時、祖母は「ちょっと小笠原流!」と言います。行儀に気を遣う祖母が舌を出してそれを言う姿は、「おちゃめでいいなあ」と思います。

（教育・Kさん）

部屋が片付いていないのに「きれいな部屋ね」、お金がない時も「大金持ちだから」と逆に言ったりする。そうでない女性や妻を「べっぴんじゃ」「ええ女房じゃ」と言うのはどっですか。

（放送大学・Tさん）

字が汚いと「きれいな字だね」とからかう。そう言われると、普通に注意されるよりも恥ずかしく、反省しなければと思います。

（人文・Aさん）

人の心理をみんなうまく言い表している。切れが悪いのに「よう切れる包丁じゃ。」と皮肉を言う。まくし立てる相手に向かって、「私は頭が悪いもんで……」と謙遜する風をして「ゆっくり話せよ。」とたしなめる。真正面から攻めるよりも搦め手の方が効果は満点なのである。

左のH君の指摘は、「言葉が持つ働き」の核心を突いており見事である！

見方によっては、言語には、「正反対に表現しながら同じ内容を言うという、非常に曖昧かつ無限の可能性がある」とも言えるのではないでしょうか。

（教育・H君）

この頃亀虫の異臭が気にならない、あんなものに動じなくなった。妻に「耐えられるよ、平気だよ！」と言ったら、「鼻が悪いからよ、威張ることではない。」とバッサリ切られた。

14 どちらですか、「～山」と「～岳」

（1） なぜだか山岳名は二通り

琵琶湖の北岸に立つ賤《しず》ヶ岳は標高が四〇〇メートルちょっとの小山である。織田信長亡き後、その家臣だった羽柴秀吉と柴田勝家が覇を競った古戦場である。さして高山でもないのにそれに「～岳」の名が付いている。ある日の授業でこう切り出してみた。

山の呼び名を全国的に眺めてみると、大半は「～山」「～岳（嵩・嶽）」です。都道府県単位で比べるとその分布の様子に大分違いがあり、思い付くままに名付けたとは思えません。「～岳」タイプの山は、西九州・南九州と遠く東日本の東北端、どうしてなのか、そんな所に多いようです。もう見事なまでの偏り。一方、「～山」タイプはそれより内側の地方に多く見られます。この分布の差・姿は何を意味するのでしょうか。山の呼び名の背景にどんな歴史が潜んでいるのでしょう。夏休みに大学図書館で地図を見て考えてみます。

全国の山岳名は、大半が、「～山」と付く山系と「～岳(嶽)」と付く岳系である。都道府県単位で、山系で呼んでいる山の数、岳系で呼んでいる山の数を数えてみた。分布相に少しずつ違いがある上に、一体何を物語るのか、両極地方とその内側の地方とで大きく異なっている。

(2) 山系と岳系の分布

多数派は山系である。日本の大部分の地方に広がり、すぐに、名峰富士山をはじめ、大雪山、榛名山、浅間山、箱根山、大山、石鎚山などの名が浮かんでくる。対する岳系の方は、東北端の北海道と津軽半島、西南端の九州の西部と南部の地方に目立っている。こちらも、石狩岳、十勝岳、槍ヶ岳、普賢岳、開聞岳、縄文杉で有名な屋久島の宮之浦岳などが、次々と挙がる。富士山もかつては富士岳だった。葛飾北斎の浮世絵にも「富嶽(岳)三十六景」がある。

晝は皇《おほきみ》の命《みこと》に随ひて嶋《しま》に居て行《おこな》ひ、夜は駿河《するが》の富岻嶺《ふじのみたけ》に往《ゆ》きて修《おこな》ふ。〈嶺　大介ニ〉
（『興福寺本日本霊異記』（九世紀前）上巻・第二八）

『日本分県地図地名総覧59』（人文社　九八三年）を紐解いて、「〜山」「〜岳」と付いた山岳名を拾い出してみた。夏休みの閲覧室で地図上の山岳名を追っていく。都道府県単位で両者を合算し、岳系がその総計全体に対して占めている割合を算出した。その際、山頂部が都道府県境上にある山岳名は予《あらかじ》め除いた。山岳名か地名かの判断に迷う「〜山」「〜岳」表記の例もあったが、併載の「地名総覧」と照合するなどして判定した。概数ではあるが結果を表1（一三六頁）にまとめてみた。

全国の山岳名の分布割合を図3（一三七頁）のような姿に描いてみた。岳系分布が四割（北海道）を超えて高い値を示す所は黒塗りし、三割台でやや高めの値の所は斜線を引き、二割を下回って値の低い所は空白にした。目安の境界線（表1の太罫）を40％〜45％未満の北海道の直前に引いてみたのは、表1を通覧して、「そこのところに、岳系分布の割合の高い都道府県と低いそれとを二分する一応の境目がある」と見たからである。作図は、「長崎県の壱岐・対馬、熊本県の天草、青森県の津軽半島」の三箇所以外は、都道府県を単位に行った。

表１　都道府県単位での岳系の占める割合

(「～塔」「～峠」「～丸」「～峰」「～森」は除く)

岳系の割合(対山系比)	該当する都道府県名など
0%～5%未満	高知県、愛媛県、香川県、徳島県、広島県、岡山県、島根県、鳥取県、和歌山県、大阪府、東京都、千葉県、茨城県
5%～10%未満	埼玉県、福島県、山形県、宮城県
10%～15%未満	(壱岐・対馬)、兵庫県、愛知県、新潟県、群馬県、栃木県、岩手県
15%～20%未満	三重県、岐阜県、長野県、山梨県、石川県、富山県、神奈川県、秋田県
20%～25%未満	宮崎県、福岡県、滋賀県、静岡県
25%～30%未満	大分県、京都府、青森県全域
30%～35%未満	熊本県本土域、佐賀県、山口県、奈良県
35%～40%未満	熊本県全域、福井県
40%～45%未満	北海道
45%～50%未満	(天草)
50%～55%未満	長崎県全域、(五島列島)、(鯵《あじ》ヶ沢町北端～青森市を結ぶ線より北の津軽半島)
55%～60%未満	
60%～65%未満	鹿児島県全域、長崎県本土域
65%～70%未満	
70%～75%未満	(奄美～大隅諸島他)
75%～80%未満	
80%～85%未満	沖縄県

(『日本分県地図地名総覧59』(人文社　一九八三年)では壱岐島には山岳名が見えなかった)

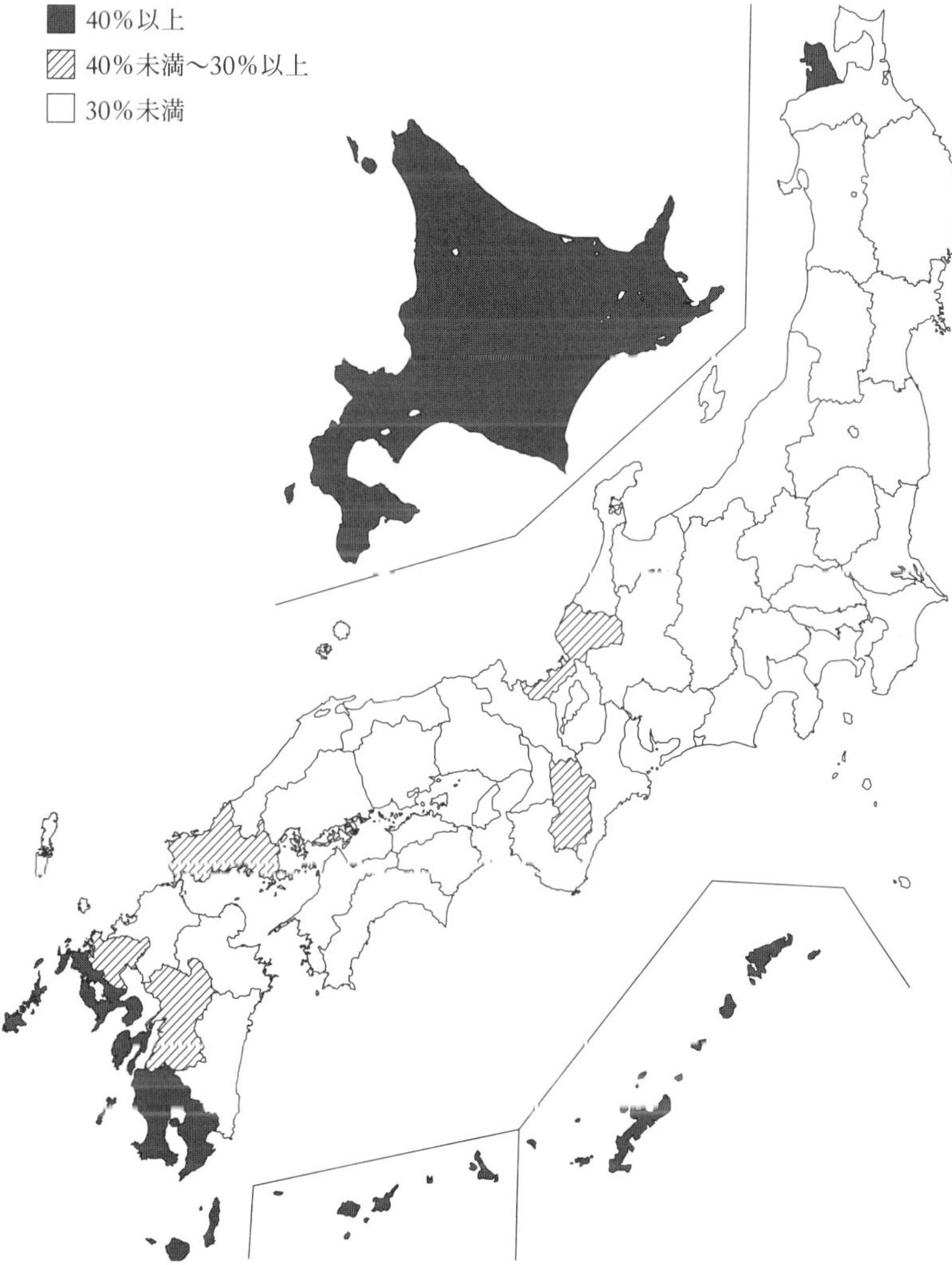

図3　岳系の分布

全国を通覧した岳系分布の姿には、次の①〜⑥に示すような目立った特徴があった。

① 西南端の沖縄・鹿児島・長崎の三県と東北端の北海道の岳系分布が四割を超えている。宮崎県の岳系は二割台前半で、六割を超える隣の鹿児島県との間に大きな落差がある。長崎県本土域は六割を大きく超えるが、壱岐・対馬地方は一割台前半で極端に低い。

② 5％未満の中国、四国地方の岳系分布の中で、山口県は三割台前半でかなり高い。

③ 二割、或いは三割を超える県もある北陸、近畿地方の岳系分布の中では、大阪府、和歌山県は一段下がった5％未満である。

④ 東日本の岳系分布は平均で一割台半ば超え程度。日本アルプスの峰が連なる中部地方も意外に低く、長野・岐阜両県とも二割は超えない。ただ、県境上の山岳名を加算するとやや高くなる。

⑤ 岳系分布の割合が際立って高い道県、例えば、長崎・鹿児島に隣る佐賀・熊本の両県では、三割台と「やや高め」の値が出ている。大分・青森両県が25％〜30％未満である。

⑥ 都道府県単位の枠を取り払うと、津軽半島、五島列島、天草、奄美〜大隅諸島(表1には無いが八甲田山麓、南北アルプスと霧島辺り)などの岳系分布がかなり高そうである。

（3）「やま（山）」と「たけ（岳）」の語史

「山」と「岳」とを比較しながら両者の語史を考えてみる。

「山」の「ま」は、「隈、島、沼、浜」などの「ま」と同類の「地形を表す接尾語」である。例えば、「沼」は「ぬう＋ま」構成の複合語で、その後「ぬうま→ぬま」と変化した。

池沼　…奴…ヌウ　イケ…　（『図書寮本類聚名義抄』（1081）三一）

沼　せウ　ヌ　ヌマ　池沼　（『前田本色葉字類抄』（1177–1181）上・七十六オ）

形容詞の「高《たか》し」と名詞の「岳《たけ》」、両者とも第一音節が平声の低音（東声は拍内下降音）で、「岳」の第二音節は乙類のケ音（該、氣など）である。それが、両者間の母音交替（タカ→タケ乙）による派生関係を思わせる。カ音とケ乙音は発音の方法、聞こえがよく似ている。

偃塞　トタカシ（×平平東）…　（『図書寮本類聚名義抄』一〇四）

倭《やまと》の　嗚武羅《をむら》の岳《たけ》に（陁該儞）（平上上）　猪鹿《しし》伏《ふ》すと　誰《たれ》かこの事《こと》　大前《おほまへ》に奏《まを》す…

（『図書寮本日本書紀』（院政期点）雄略紀）

「山」と「岳」のどちらがより古い語なのだろうか。

(普通名詞の一例)　この山　(許能野麻)　(『万葉集』巻五・八七二)

この岳《たけ》　(許能多気)　(『同右』巻五・八七三)

(接尾語の一例)　足柄山　(安思我良夜麻)　(『同右』巻一四・三三六三)

小室が岳　(袁牟漏賀多氣)　(『古事記』下巻)

「山」と「岳」の両者とも、その普通名詞と接尾語の例が奈良時代から見られるが、左の二つの現象から推測するに、「山」よりも「岳」の方が古くからあった語なのではないか。

その第一は、粗々《あらあら》見渡してみると、山岳名には、「～岳(嵩・嶽)」の下に更に「山」(接尾語)を付けた「～岳山」の例は結構あるが、「～山岳」の例は弥山岳(福岡)、横山岳(滋賀)の二件？ と少ないこと。

宮ノ岳山(長崎の対馬)、見岳山(熊本の本土域)、矢岳山(宮崎)、飯岳山(福岡)、遠岳山(山口)、三岳山(京都)、御岳山(愛知)、岩岳山(静岡)、矢岳山(静岡)、三岳山(静岡)、御岳(嶽)山(長野と岐阜県境)、倉岳山(山梨)、大嶽山(東京)、惣岳山(東京)、御岳山(秋田)……。「山」の再添加例ではないが岳山(広島・島根・和歌山)、嵩山(山口・島根)など。

その第二は、複合語の前部要素に「岳」が来ている語は、わずかに、岳樺《だけかんば》、岳胡頽子《だけぐみ》、岳栂《だけつが》、岳鳥《たけどり》、岳蕗《だけぶき》、岳松《だけまつ》、岳回《たけまわり》、岳樅《だけもみ》などが見つかる程度だが(そのほとんどが植物名)、「山」が来る語の方は、山間《やまあい》、山上《やまあが》り、山嵐、山歩き、山芋に始まって山蕨《やまわらび》、山割《やまわり》、山割《やまわれ》、山童《やまわろ》、山姥《やまんば》まで多数あり、あれこれ多種多様な語例が見出されること。新語としての「山」の「造語力の強さ」を裏付けている。

「山」と「岳」の両者に意義の差はあるのだろうか。

『色葉字類抄』『名語記』は、「岳《たけ》」を標高が高く険しい山と考えている。なだらかな山々が続く中国地方には岳系が少ないが、それとこの認識は関係するのか。「崧」字は「山の高い様」を言う。

嵩　タケ　山大日嵩　山高也　又乍崧　嶽同

(『黒川本色葉字類抄』(江戸期書写)中・オ)

山ノタカキ峯ヲタケトナツク…

(『名語記』巻第四)

「岳、嶽」は、『観智院本類聚名義抄』(法上・六一ウ)でも「険《さが》し」と訓まれ高く急峻な山。ただ、日本アルプスの連なる長野・岐阜両県の岳系分布は「15%〜20%未満」止まり。連峰が「〜岳」で独立峰が「〜山」とみる向きもあるが、薩摩半島南端の開聞岳などすぐに例外が見つかる。「〜岳」は周りから抜き出て高い山か。だが、日本の西南端と東北端の山岳地形が特にそうだとも見えない。

（4）山岳名の分布が物語るもの

全国各地の「～山」と「～岳」の分布から何が見えてくるだろうか。

岳系は日本列島の西南と東北の両端に濃く分布し、山系の方はその内側の地方に広がっている。「岳系をA、山系をB」とみると、その姿はABA型の分布になる。このタイプの分布相の解釈としては主に二つの方法がありそうだが、有力なのは「解釈一」である。「解釈二」の、「両端の地方で共通の発想が働いて偶然そこに同じ語形が生まれた」と考えさせる要因、例えば、馬鈴薯のような、「各地に、栽培回数に着目してニドイモ、サンドイモなどの方言が分布する」といった、「同じ名になる必然性」が思い当たらないから。西南、東北両端の一方から他方へ「岳」名が運ばれた歴史も無さそう。

解釈一　日本列島はかつて岳系(A)一色だったが、その後、ある事情(後述)から中央部域に山系(B)が出現してきた(持ち込まれた)。その山系の呼称が長い歳月の間に全国に広がったため、元の岳系の方は西南端と東北端にだけ残されてしまった。「AAA→ABA」変化と解される方言周圏論である。この場合は、周辺部域に分布する岳系よりも、その内側域に広がる山系の方が新しい。

解釈二　日本列島はかつて山系(B)一色だったが、その後、それまでは無かった岳系(A)の呼称が、遠く離れた西南と東北の両端に出現してきた。「ＢＢＢ→ＡＢＡ」変化したと解する方言地域変遷論（周辺部地方での偶然の一致）である。この場合は、周辺部域に分布する岳系よりも、その内側域に広がる山系の方が古い。

（5）「〜岳」と名付けたのはだれ？

「〜岳」は誰が名付けたのか。それを解く鍵が考古学関連の研究成果の中にある。有力な「日本列島の先住民は南方系の縄文人」説に注目する。

近年、南方系の縄文人の生活を偲《しの》ばせる、鹿児島県の上野原、熊本県天草の大矢、青森県津軽半島の話題沸騰した三内丸山や亀ヶ岡といった、大規模な遺跡が見つかった。そして、それらの縄文遺跡の分布する辺りの岳系分布が、例えば、鹿児島県で60％〜65％未満、天草で45％〜50％未満、津軽半島で50％〜55％未満といずれも濃くなっている（表1と図3を参照）。彼らが「〜岳」の名付け親なのではないか。

西南端にある大規模な縄文遺跡

鹿児島県旧国分市…上野原遺跡（約九五〇〇年前〜、縄文時代早期の国内最大級の定住集落遺跡）

熊本県旧本渡市…大矢遺跡(約五〇〇〇年～四〇〇〇年前、稲もみの圧痕の付いた土器が出土。縄文時代中期の農耕、稲作を裏付けるか?)

佐賀県佐賀市…東名《ひがしみょう》遺跡(約七〇〇〇年前、縄文時代早期では西日本最大級の縄文貝塚遺跡、国内最古とみられる木編みの籠も出土)

東北端にある人規模な縄文遺跡

秋田県鹿角市…野中堂遺跡と万座遺跡の大湯環状列石(約四〇〇〇年～三五〇〇年前、縄文時代後期前葉の組石遺構)

青森県青森市…三内丸山遺跡(約五五〇〇年～四〇〇〇年前、縄文時代前期～中期の日本最大級の集落跡)

青森県西津軽郡旧木造町…亀ヶ岡石器時代遺跡(約三〇〇〇年～二三〇〇年前、縄文時代後期～晩期の終末期の遮光器土偶や壷、瓶が出土)

古人骨研究の第一人者、松下孝幸氏の著作に『日本人と弥生人』(祥伝社 一九九四年)がある。それによると、縄文時代を過ぎると、長崎県近辺には西北九州タイプ、鹿児島県近辺には南九州・離島タイプといった二種類の弥生人が生活してくる。縄文人的な形質・特徴も併せ持った「非渡来系の弥生人」だと言われる。面白いことに、それらの人々の遺跡も岳系の多い地方とほぼ重なって分布している。彼らは、先住民だった縄文人が名付けた岳系の名をそのまま引き継いだものと考える。

岳系分布の偏りについては、『月刊 言語』（大修館書店 一九八五年七月号）の編集後記欄で「歩兵」氏が言及されていた。中で特に興味深かったのは、「さらに妙なことに、この〝岳〟と音の似た〝タク〟あるいは〝タク〟という山名が中央アジアからトルコにかけて点在する」との指摘だったが、私は、従来説の「縄文草創期の日本語の基層は、マライ・ポリネシア語などのオーストロネシア語系」に、なお惹かれるものを感じている。

（6）「〜山」と名付け、広めていったのはだれ？

その後北方から「渡来系の弥生人」が渡ってきた。山系の名付け親は彼らだと考える。

岳系の色濃い分布が、東北端の北海道、津軽半島と西南端の長崎、天草、鹿児島、沖縄などに見られた。後者に隣る、佐賀、熊本二県（一つ離れて山口県）の岳系は三割台の「やや高め」程度に下がり、それより内側の都府県にあっては一段と低率になっていく。

岳系が「やや高め」の分布を示す佐賀と山口の両県には、山口・北部九州タイプと称される、北方系の「渡来系の弥生人」が生活するようになった。そこには、有名な吉野ヶ里、土井ヶ浜という大規模な二つの弥生遺跡が残っている。彼らは、中国の江南地方、朝鮮半島に繋がる、「壱岐・対馬を経由して北部九州や中国地方西部に渡ってきた人々」だと推定される。

北部九州・山口県にある大規模な弥生遺跡

長崎県壱岐郡旧芦辺町…原の辻遺跡(弥生時代前期末〜古墳時代初めの大規模な環濠集落)

佐賀県唐津市…菜畑遺跡(約二六〇〇〜二五〇〇年前、縄文時代晩期後半(弥生時代早期とも)の稲作田の跡)

佐賀県神埼郡旧三田川町…吉野ヶ里遺跡(弥生時代前期〜後期の環濠集落群、墳丘墓や甕棺墓地、大型建造物)

福岡県福岡市…板付遺跡(弥生時代早期の環濠集落、稲作の集落跡)

山口県豊浦郡旧豊北町…土井ヶ浜遺跡(弥生時代前期後半の石棺などによる埋葬跡)

ここでの注目は長崎県が見せる岳系分布である。長崎県本土域での六割を超える岳系分布とは対照的に、朝鮮半島から日本へ渡る海道の上に位置する壱岐・対馬地方では、それが一割台の半ばにも満たず極めて低いことである。左の一覧表はその対馬の山岳名である。

浅茅山、天ノ原山、有明山、碇隈山、大熊山、大久間山、大崎山、太田隈山、大星山、大山壇山、

梶木山、カズエノ壇山、鹿ノ内山、神山、萱場山、雲刺山、黒隈山、黒土山、香ノ木山、木槲山、

七本松山、白椿山、城山、千俵蒔山、高野山、月輪山、尖山、鳴滝山、白山、八斗蒔壇山、ハナタカ山、冷水山、舞石ノ壇山、松無山、丸倉山、丸山、三隈山、宮ノ岳山、持山、矢立山、山田山、竜良山

烏帽子岳、オロン岳、御岳、観音岳、紺青岳、白岳、遠見岳　（順不同）

なぜこのように「〜山」に偏るのか。「渡来系の弥生人」たちが、経由地（対馬）にあった岳系の名を山系に言い換えた、或いは、「宮ノ岳山」のように、「宮ノ岳」（原形か）の下に接尾語の「山」を添加して改称した、名無しの権兵衛だった山を「〜山」と名付けた等々、同じ長崎県に属しながら対馬に限って山系が目立つ、その理由、事情をあれこれ思い描いてみた。

＊現代朝鮮語では中国語の「山」を取り込んだと言う。古代朝鮮語ではそこをどう呼んでいたのか。

岳系の呼称の方が山系より古いとおっしゃっていましたが、私の苗字は岳下と言います。長崎でなければ山下だったかもしれません。（人文・Tさん）

長崎出身です。地元の島にある小さな山でも「百合岳《ゆりがたけ》」という名前がついていました。友人に二岳、百岳という名前の人もいました。（人文・Sさん）

二人とも長崎県の出身。Sさんの言う旧大島町の百合岳は、標高一九四メートルの小さな山である。

さて、九州に上陸した「渡来系の弥生人」たちはその居住地を次第に東に広げていった。『渡来人登場 弥生文化を開いた人々』(大阪府弥生文化博物館 一九九九年)は、彼らの東上する主な道筋が二本あったと述べている。それを左に要約してみる。鳥取県大山町、米子市淀江町の妻木晩田《むきばんだ》遺跡(弥生中期終わり以降の大規模な集落)は、その道筋のどのあたりに位置するのだろうか。

吉野ヶ里タイプの遺跡を残す弥生人がたどったルートが一つである。佐賀県を起点に、福岡・大分両県経由で四国の愛媛県(二の谷2号墳)に至り、広島県東南部域(矢ノ迫遺跡、山ノ神遺跡)辺りに渡る。その後、瀬戸内海の沿岸を東に進み、奈良県田原本町の唐古・鍵遺跡(弥生中期後半、集落、環濠)、天理市の長寺遺跡(弥生中期後半、人骨)近辺に落ち着いた。二つ目が土井ヶ浜タイプの遺跡を残す弥生人がたどったルートである。山口県を起点に、山陰沿岸を東に進み松江市の古浦砂丘遺跡(弥生前期の人骨)に至った。

佐賀、山口の両県では、まだ「やや高め」の三割台前半の岳系分布が維持されているが、奈良県の大和平野を目指して中国、四国地方に入ると、それが山系一色となり、岳系の影がまるで砂地に水が吸われるように消えている。伝来してきた弥生文化は、東日本のほぼ全域、青森県にまで広がっていくが、山系の呼称の方もそれと歩みを共にするかのように北上した。

表1の岳系分布に改めて目を通してみると、そこに二つの大きな流れが見つかった。

まず、九州西南部地方の岳系分布の割合である。長崎県全域・五島列島が50%〜55%未満、鹿児島県全域が60%〜65%未満(同県の本土域もこれに近い)、奄美〜大隅諸島他が70%〜75%未満、最南端の沖縄県が80%〜85%未満となる。長崎県から南下するに従って岳系分布の割合が次第に高くなっていく。東北地方の岳系分布の割合も似た姿を見せる。茨城県が0%〜5%未満、福島・山形・宮城の三県が5%〜10%未満、岩手県が10%〜15%未満、秋田県が15%〜20%未満、青森県が25%〜30%未満、北海道が40%〜45%未満となる。やはり、茨城県から北上するに従って岳系分布の割合が次第に高くなっていく。

弥生人が九州に上陸して東に進み、やがて北上する。※岳系の分布割合は、その道筋から遠く離れた、つまり、弥生文化の寄せて来る波が弱い地方ほど高い。「渡来系の弥生人」たちがあまり踏み込めず、岳系の命脈が保たれているのである。山系が目立つ地方に「〜岳山」が多い(一四〇頁参照)のも、彼らが改称したその痕《あと》を示す面もあるだろうか。

北海道は、以前は「〜岳」が濃く分布していたが、江戸から明治の頃に日本人が多数渡ってきて、

先住のアイヌ人を追いやり、その結果、「〜山」が過半数を占めて逆転した？　（人文・Aさん）

その昔、北海道の岳系分布はもっと濃かったかもしれない。一五世紀半ば頃から和人の移住が増え続け、西部域ではアイヌ人と混住した。江戸時代はずっと松前藩が治め、一八六九年(明治二年)には開拓使が置かれた。アイヌ民族の後退につれて山系も増えたのではないか。

「日本語は、縄文草創期の日本語（マライ・ポリネシア系の言語）の基層部分に、ウラル・アルタイ系の諸言語が流れ込んで形成された。」とする有力な見方がある。「やま」という語も、日本語が混成されていくその中で作られたか、或いは、外から入ってきたものではないか。

※南九州・離島タイプの弥生人については渡来人の可能性も指摘されている。「日本の西南部の縄文文化圏は奄美地方までで、沖縄はその圏外にあって貝塚文化と称される生活圏を持っていた」との見方も出てきた。一方で、近年、沖縄地域でも縄文晩期の人骨が発掘されている。

海・湖に突き出た陸地の先端も「〜岬(崎)」「〜鼻」、どちらもある。何を物語るのか。

15　光秀の頭は「きんかあたま」だったか？

お爺さんのはげ頭は子供たちの目に印象強烈に焼き付き、各地に多様な方言が生まれてくる。全国に広がるのがハゲ、中国地方に目立つのがキンカ。「キンカの蠅滑り」とは言い得て妙である。その語源は金革、金柑、キンカリ(光る様)あたりだろうか。近畿と四国北部地方のチャビン(ハゲチャビン)、中部・関東地方や秋田県辺りのヤカンは、それぞれ茶瓶と薬罐に喩えて言っている。どちらもはげ頭のようによく滑る。狭いながら濃く分布するのが新潟・山形両県のアメ、富山・石川・岐阜北部のスベ(タ)である。この他、一五二頁の図4の原図(『日本言語地図 第3集』に載る第一〇三図)の「各図の説明」の中にはヒャクショクが挙がっている。これは光度の単位の「百燭光」から発想された呼称で、他に、ランプ、テンプラ、カンテラ、デンキ、タイヨウ、オテントサマ、テリケエシなどが総動員される。

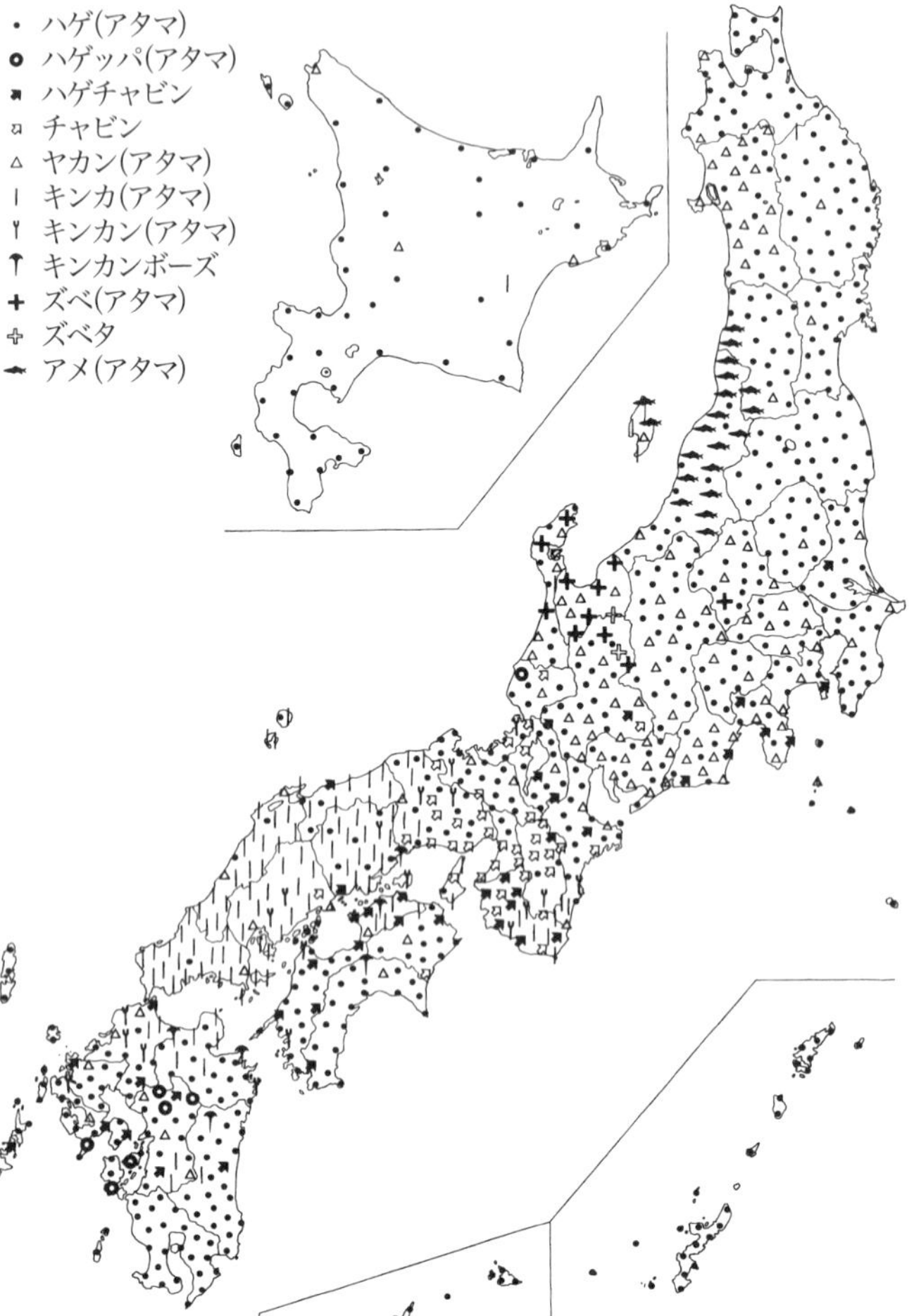

（『お国ことばを知る　方言の地図帳』四九頁の「はげあたま(禿頭)」より）

図4　はげ頭の方言

いま、山岡荘八の『徳川家康』を読み直しているのですが、その一場面に、明智光秀のはげ頭を指して信長が「きんかあたま！」と怒鳴りつける場面があるのです。信長の出身地を考えると、先生が見せて下さったはげ頭の分布図とは矛盾するように思いますが…。
（社会人・Ｈ氏）

Ｈ氏は、織田信長が明智光秀に「キンカ頭！」と言ったのは本当か、あり得るのかと問うてきた。山岡荘八の小説『徳川家康』の一節にはキンカ頭やハゲが出てくる。ＮＨＫの大河ドラマ『功名が辻』でも、信長が光秀を「血迷うたか、このキンカ頭！」と怒鳴りつけていた。

ハゲが大宝院を出る。お役替えと分る。主想いの愚か者が、忠義のつもりで、残肴を投げ捨てる。事によるとハゲは、そのようなことは知らずに、そのままキンカ頭を振りたてて坂本城へ発っているかも知れぬぞ。
（山岡荘八『徳川家康』第五巻（講談社　一九六三年））

キンカ系は、概ね、兵庫県の北部・西部、淡路島、四国地方の東北部を結ぶ線から西に広がっている。濃い分布が隠岐を含む中国地方一帯に見られる。九州地方の東北部と佐賀、長崎両県の北部や宮崎県の一部、熊本県の南部等にも少しずつある。この他、紀伊半島南部域にもまとまって分布している。しかし、東日本の場合は、佐渡島※に濃く分布する以外では青森、岩手の県境辺り他にわずかだけ見つかる。

山岡の出身地の新潟県北魚沼郡小出町では聞かれず、作者の方言が出たものではないようだ。ただ、佐渡島出身の近親者や友人が居たら山岡の耳に残っていたかもしれない。

愛知県(尾張)は右のキンカ系の分布域から遠く、目立つのはハゲ系やヤカン系である。『信長公記』(角川文庫 一九八四年)や奥野高廣氏の『増訂 織田信長文書の研究』(吉川弘文館 二〇〇七年)の中にも、思い当たるような記述は見つからない。室町時代の尾張でもキンカ系は言っていなかったのではないか。いかに乱暴者の信長とは言え、幼少の頃から、方言に無い「キンカ頭!」を言っていたとは考えにくい。

将軍の足利義昭を後押しする形で上洛する。それ以後ならキンカ系に出会った可能性はある。中世以降の文献では、あちこちに「きんか」「きんかなる頭」「きんか頭」が顔を出している。江戸時代中期の俗語・方言・諺などを載せた国語辞書の『俚言集覧』は、キンカ頭を「京の俗語」だと説いており、『守貞謾稿』にも、「昔は」と断った上で、京坂でだろうか「キンカアタマと言っていた」と記される。

Qinca. 頭髪がすっかり抜けてしまったか、生まれつきなかったかして、頭の禿げている人。
（『日葡辞書』）

きんかなる頭《つぶり》、楯《たて》の陰《かげ》よりさし出《い》だし、日影《かげ》にかゝやき、きらきらとしけるを、城の内《うち》よりこれを見、「佐竹《さたけ》が楯《たて》のはづれに、光物《ひかりもの》ある」とて鉄砲《てつぽう》を以て打《う》つ。
（『大坂物語』（1615頃）上）

禿頭 ○きんかあたま、京の俗語
（『俚言集覧』（1797頃））

老夫ノ頭ノ赤ク兀タルヲ、江戸ニテ「ヤカンアタマ」、京坂ニテハ「ハゲチヤビン」ナド云リ。昔ハ「キンカアタマ」ト云リ。金革ノ畧ト云リ。（『守貞謾稿』巻之九・男扮）

H氏の質問とは別に、私には「光秀の頭が実際に禿げていたのか」も気になる。光秀が諸侯の前で「キンカ頭！」と怒鳴られて赤っ恥をかいたのが事実なら、本能寺の変も間近に迫ってきて齢《よわい》五〇半ばだろうか。「人生五〇年」時代のこと、もう禿げていても可笑しくない歳ではある。

気性が激しく、「天下人」同然に振る舞った信長のことだから、光秀の「智」が癇《かん》に障って事あるごとにその非を咎《とが》め、満座の中でも傲然《ごうぜん》と面罵《めんば》したのではないか。そこでは一言の「キンカ頭！」は効果満点である。「バカ、カバ…お前の母さん出べそ」の悪態は、お腹の出べそが事実かどうかを確かめた上で吐《つ》くわけではない。目的は相手の気持ちを挫《くじ》くことにあり、光秀の頭が実際に禿げていようがいまいが知ったことか、言いまくった方が勝ちなのである。

香川県では遊びで「ドビンチャビンハゲチャビン」というのがあったが、意味が分かりません。（人文・T君）

香川県香川郡では「おまえ頭がどびんになってしもたが」と言っている。ドビンは土瓶のことか、これもはげ頭の方言である。関西圏(図4の原図他によると香川県も)にはチャビン、ハゲチャビンもある。それらを寄せ集めてドビンチャビンハゲチャビンが出来上がる。複合現象である。まさに究極のはげ頭である。

※明治後期の『増補俚言集覧』に「きんか　但馬及ひ出羽越後にて禿頭をいふ」とある。そこの越後は佐渡島を指したものではないか。

16 「〜町」「〜村」、何と読む？

（1）「〜町《まち》」「〜村《そん》」のセットは無い？

『言語生活』（筑摩書房）という雑誌の一九八二年一二月号の「読者と編集部」欄で、斎藤広志氏が、『市町村役場便覧』をもとに全国の町村名の読み方を調査されていた。それをヒントにこう話した。

「地名には歴史がある」と思い至ったのは、四〇数年前、山口大学に入学し、考古学サークルに入って巡検や踏査や夏季合宿に行った時に、訪れた山陽町《ちょう》、阿東町《ちょう》、旭村《そん》、川上村《そん》、むつみ村《そん》などの呼び方を知った時でした。山口県内の「〜町」、「〜村」の接尾語、みな音読みなんですね。岡山、広島両県、山陽側は皆そうなんです。山陰の鳥取県もそう。中国地方は結構このタイプが目立ちます。ところが、私の生まれ育った福岡県では、糸田町《まち》、岡垣町《まち》、添田町《まち》、赤村《むら》、星野村《むら》、矢部村《むら》など訓読みしたものが多く、比較してその違いに驚かされました。町村名の呼び方が全国各地でなぜバラバラなんでしょうね。これも大学図書館に通って資料を集め考えてみます。

元号が平成に変わり、業務の簡素化を錦の御旗に大規模な「市町村合併」が行われた。「いけいけドンドン」の合併で、多くの「～町」「～村」が消えていき市町村名の変更もあった。それらの由緒、由来をたどることが難しくなって、この種の話題が昔話になりそうな雲行きである。

先月、山口県立博物館の現地講座で、阿東町徳佐にある、上徳佐八幡宮の説明を受けました。在所が徳佐上亀山新田です。新田は「しんで」と読みます。「門田」を「もんで」と読む、それと同じ下略でしょうか。『防長地下上申』（江戸時代中期の防長の地誌）によると、神領の神田が新田になったとあります。添田先生の講義を受けている方の中から、将来、行政、教職などにつかれて、学識経験者と言われるような人が出ると思います。くれぐれも安易に地名の改名、命名をせぬように願いたいと思います。右はその一例です。（社会人・H氏）

社会人H氏の質問カードは、いつもとは風向きが大分違って学生たちに対する注文のようだ。「神田」だった地名が「新田」に変更され、在所の名前の由来「八幡宮の所領、つまり神領だった」が見えなくなった。確かに判りにくい。彼らは、H氏の、次世代に託す思いをしっかり受け止めてくれたかな。

さて、全国各地で町村名をどのように呼んでいるのか。「〜県」「〜市」の場合は、「〜あがた」「〜いち」などと訓読みはせず音読みで一貫している。しかし、その様相が「〜町」「〜村」になるとガラッと変わってくる。音読みあり訓読みありで、まるで一貫性が無いかのようだ。

一八八九年(明治二二年)の「市町村制」施行以降、全国の都道府県で「〜町」「〜村」をどんな風に呼んできたのか。繰り返された各地の町村合併の折に呼称がどんな基準で継承、改変されてきたのか、その「実際」は簡単には判らない。この際、『日本分県地図地名総覧59』(人文社)をもとに、地方公共団体としての町村名の読み方を一九八三年の時点で切り取って調査し、その結果を一覧表(一六〇頁の表2)にまとめてみた。併せて、全国を見回して、その時点の呼び方にどのような傾向が見られたか、その概略を①〜⑤に整理してみた。訓読み方式、音読み方式、両者を混ぜ合わせた形の方式など色々とあったが、そこに、どんな法則性があり命名の意図があるだろうか。

全体に北海道と中部地方とその西に「〜ちょう」が多い。

①最も多い呼び方が、自然村時代(一八八九年以前)の呼称を引き継いだと思われる、訓読みで一貫した「〜まち／〜むら」方式である。これが、「〜町」「〜村」名の呼び方の「老舗」になる

表2 「〜町」「〜村」名の呼び方

都道府県名	〜まち	〜ちょう	〜むら	〜そん
北海道	1	154	25	0
青森	33	1	25	0
岩手	10	21	18	0
宮城	25	36	2	0
秋田	49	0	11	0
山形	27	0	4	0
福島	52	0	28	0
茨城	45	0	29	0
栃木	33	0	4	0
群馬	29	0	29	0
埼玉	36	0	16	0
千葉	46	0	6	0
東京	7	0	8	0
神奈川	17	0	1	0
新潟	55	0	37	0
富山	18	0	8	0
石川	27	0	6	0
福井	0	22	6	0
山梨	5	31	21	0
長野	37	1	67	0
岐阜	0	54	32	0
静岡	3	46	5	0
愛知	0	47	11	0
三重	0	45	11	0
滋賀	0	42	1	0
京都	0	32	1	0
大阪	0	12	1	0
兵庫	0	70	8	1
奈良	0	20	18	0
和歌山	0	36	7	0
鳥取	0	31	0	4
島根	9	32	10	0
岡山	0	56	0	12
広島	1	68	1	5
山口	0	37	0	5
徳島	0	38	0	8
香川	0	38	5	4
愛媛	0	44	14	0
高知	0	25	16	3
福岡	65	2	8	0
佐賀	9	27	5	1
長崎	4	66	1	0
熊本	65	1	19	2
大分	30	6	10	1
宮崎	0	28	0	7
鹿児島	1	72	5	4
沖縄	0	15	0	28

(『日本分県地図地名総覧59』(人文社 一九八三年)により作成)

のか。この方式は、長野県と北陸地方(福井県を除く)、東京都を中心とした関東一円、東北地方の青森・秋田・山形・福島四県などに広がり、遠く離れた九州地方に、福岡・熊本・大分の三県が隣同士でまとまっている。

②中国地方(島根県を除く)に濃く分布するのが、音読みで一貫した「〜ちょう／〜そん」方式である。他では、徳島・宮崎・沖縄の三県がこれと同じ手法を採用している。

③第三のタイプが「一方が音読み、他方が訓読み」する方式。中の一つが、「〜ちょう／〜むら」方式である。北海道、中部の山梨・静岡・愛知・岐阜・福井、近畿、四国の愛媛・高知、他に島根・佐賀の二県が採用している。鹿児島県には「〜そん」が四ヶ村あるが、奄美大島に集中する三ヶ村を仮に除くと、同県は、佐賀県に似てこの「〜らょう／〜むら」方式になるか。もう一つの、対照的な「〜まち／〜そん」方式は見当たらない。

④一九八三年の時点で一ヶ村しか無い府県が五つあった。それらの遡った姿は、当該地方の傾向も考え合わせると復元できそうである。その結果、神奈川県が①、長崎県は③、京都府、大阪府、滋賀県もまた③と推定される。京都府や大阪府などを代表とする近畿地方は、何かの事情があってのことか、東京都などの「関東地方の呼び方①」と異なる形になっている。

⑤岩手、宮城両県の「〜町」は音読みと訓読みの両様あって一定しないが、「〜村」の方は専ら訓読みされている。東北地方は「訓読み一貫」が大勢であることを勘案し、一応①方式の亜種と考えてみるが、その場合の例外(「〜ちょう」と呼ぶ例)の多さをどう説いたものか。

実は、一九八三年の時点では、兵庫と香川の両県には「〜村」が一ヶ村も無かった。

両県にまだ「〜村」が残っていた時代にそれをどう呼んでいたか。その確認のために、『日本分県地図地名総覧』を一冊ずつ遡《さかのぼ》ってみた。一九七〇年(昭和四五年)版に待望の「〜村」の名前が見つかった。思わず「やったあ!」と声を上げたが、それはぬか喜びだった。肝腎の接尾語(村)に振り仮名が無いのである。何とか気を取り直して、合併後の町役場に直接手紙を出して問い合わせてみた。現地照会である。総務省の保管資料で調べれば事は簡単なのだが、「回り道を楽しみながら詰めていく」気分だった。各町役場に保存された記録を探してもらう不安はあったが、「まあ、大体のところが判れば御の字だ」と割り切って、返事の戻りを待った。ありがたいことに依頼したすべての町から回答をいただいた。表2にその数値(傍線を付す)を書き込んでおいた。そこだけ時間が遡る。

(兵庫県)むら→城東村、多紀村、今田村、西紀村(南河内村、北河内村、草山村の三つが合併して成った村)、黒田庄村、千種村、野間谷村、大和村

　　そん→播磨村、

(香川県)むら→大川村、牟礼村、綾上村、庵治村、財田村

　　そん→琴南村、寒川村、七箇村、十郷村

この「調査」で、一九七〇年以前の両県の「〜町」「〜村」の姿を次のように推定する。

兵庫県は、近畿地方で一般的な③の「〜ちょう／〜むら」方式である。

香川県は、「徳島県の②方式」と「愛媛・高知両県の③方式」が混ざり合った形である。

（2） あっとおどろく〝脇町《わきまち》〟

（1）の結果を授業で報告し「これですべて一件落着！」のつもりだったが、Oさんから思いがけない知らせが飛び込んできた。仰天して椅子から転げ落ちそうになった。

> 徳島県の脇町の出身ですが、私は「わきまち」と言っていました。
> （人文・Oさん）

徳島県は「〜ちょう」が38、「〜まち」はゼロだったはず。それなのになぜ「わきまち」なのか。もう一度『日本分県地図地名総覧』に目を通してみた。本章が対象とした一九八三年も含め一九九四年刊行分までは、確かに、他の町(37町)と同じ音読みの「わきちょう」である。齋藤氏が見られた『市町村便覧』でもそう。問題は一九九五年以降にあった。なぜだか、彼女の言う通り「わきまち」になっている。その直前に町名変更があったのかと思い、町史編纂室にこの間《かん》の経緯《いきさつ》を電話で訊ねてみた。

以前からずーっと『わきまち』でしたよ。ただ、年によっては、外部からの問い合わせに『わきちょう』と答えたこともあったようです。

「ずーっと」には二度びっくりである。「こうしては居られない、事実関係を直接確かめなくっちゃ。」と思い、海を渡り初めて脇町に足を踏み入れた。偶然、図書館近くの資料館で『脇町史 下巻』（脇町史編集委員会 二〇〇五年）を見つけた、早速買い求め、はやる気持ちを抑えながらページを繰った。思わずウ〜ンと唸《うな》っていた。町村合併した一九五八年（昭和三三年）時点からずっと「わきまち」だった。やっぱり徳島県では脇町だけが訓読みされていたのである。「年によっては、……『わきちょう』と答えたこともあったようです。」が曲者《くせ》だった。徳島県内はほぼ全域が蜂須賀藩領で、脇町一帯だけが稲田藩領である。どんな歴史を「わきまち」は引きずってきたのか。

ともあれ、表2の徳島県の欄は「まち1、ちょう37」に書き変えである。

それから数年が経ち「もしや」の不安がよぎった。二度あることは三度ある、その後の脇町が心配になって訊ねてみた。悪い予感は的中し、返事は「美馬市脇町《わきまち》です。」だった。市町村単位の「徳島県美馬郡脇町《わきまち》」の由来を掬《すく》い取ったつもりが、あえなくその名が手の内からこぼれ落ちていた。

私の住んでいる広島県も山口県と同じようにほとんど「ちょう」や「そん」です。温泉が出る君田村は「きみたそん」で、岡山県に一番近い豊松村も「とよまつそん」です。（教育・Sさん）

Sさんが紹介してくれた二つの村、今はもう無くなって寂しいかぎりである。平成の大合併で全国の「〜村」が随分消えていった。村名の「由来や歴史」の記憶が次第に遠くなる。

地名にはその地方の土のにおいや植物のにおい、風の肌触りがある。

（『紀伊民報』二〇〇五年一月二九日付）

17　大田さんと太田さん

（1）「おおたさ～ん」と呼べば「大田」さんが応える

山口大学には三〇〇〇人を超える教職員の方がいます。その中の『おおた』姓を調べてみると、名誉教授も含め、二〇〇四年度は大田さんが一三人、点のある太田さんは三人でした、三人の太田さんの中の二人は聞けばなんと山口県外のご出身でした。全国的には太田さんだらけです。でも、山口県では、「おおたさん」は「大田さん」と書けばまず間違いはありません。

私の説明を聞いてすぐOさんが報《し》らせてきた。彼女は実に良いところを突いている。

一三人いる太田さんは山口県内の出身でしたか。そこも確かめてください。小さい頃から、同じ苗字の子は全員が点の無い「大田」だったので、点のある「太田」は変だと思っていたのですが、全国的には「大田」の方が珍しかったのですね。そう言えば、他県から引っ越してきた先生は黒板に自分の名前を書いて、「いいか、点が要るぞ。」と言っていました。
（人文・Oさん）

「周りは太田さんばかり」が福岡県である。小学校三年、高校一年の担任が太田先生だった。同郷の太田聡教授も、山口大学では「点が要るぞ〜」と注意しておられるかな。私も「お前は人でなしじゃ。」とからかわれ、人偏の付いた「添田健治郎」の辞令をもらって人になっていた。「どうせ。」とあきらめていたが、あまり良い気持ちはしなかった。

さて、「おおた」姓である。山口大学の太田さん一人一人に出身地を訊ねて回るのは、身元調査のようで気が引ける。遠回りにはなるが、「文献資料を使って証拠固め」していくことにした。まずは、ＮＴＴの古い『ハローページ』（二〇〇〇年六月現在）を繰ってみた。見て驚いた。山口市では太田姓が１１９件、太田姓はわずかに15件。以下、旧小郡町が19と0、旧秋穂町が17と0、阿東町が7と0……、何と、太田姓のゼロ行進が続いていく。山口県での多数派は点の付かない大田姓だったのである。県都の山口市には、県外からの転入者もあって、点を付けた太田姓の方がまだ少しは居られた。下関市では、対岸の北九州市門司区との交流が長く続いたせいか、「大田183、太田87」で太田さんが幾分か増え加減になっている。

山口県は「大田1145、太田239」（『ハローページ』（二〇〇六年一月現在））。

冬休みに実家に帰って同じ『ハローページ』があったので見てみると、大田と太田は、熊毛郡が18と2、旧鹿野町も10と0でした。旧徳山市、下松市も大田さんが二〜三倍くらい多かったですが、光市は大田がやや多いくらいになり、旧新南陽市では7と13で逆転します。両市とも工業都市で、他県から越してきた人が大分いるかもしれません。（人文・Aさん）

私の住んでいる宇部市では、大田が116世帯、太田が29世帯です。（人文・M君）

AさんとM君の質問カードも、「山口県では大田さんが圧倒的に多数派」を裏付けている。工業都市では、町の性格上県外から移ってきた人が結構居られ、太田姓も増加する傾向にある。炭坑町だった美祢市（大田10、太田7）も、他県からやってきた労働者の多い事情は似ている。実家に帰ってこの話題を家族に話した学生が居て、親御さん（父親）が興味を持たれ、わざわざインターネット上で調べて私の授業に参加してくださった。

全国的に見ると、点の無い大田は、太田の約七分の一にすぎず圧倒的に少数派である。西日本地方ではそれがやや増えてくるが、点のある太田の方は全国に広がっており、特に東日本での多さは際立っている。

ありがたかった。そのカードを読んでいくうち、ふと思った、大田区は東日本のど真ん中の東京都にありながらなぜ点が無いのかと。判った。一九四七年(昭和二二年)に旧大森区と旧蒲田区が合併して出来た「訳《わけ》あり」の区であった。点など付くわけがない。人為的に旧区名の前と後ろ(傍線部)を繋げて作った名前なのである。二語の混ぜ合わせ、混交である。六〇数年経った今、その名に「土のにおいや植物のにおい」がただよい、「風の肌触り」が感じられるようになっただろうか。

佐久間英氏の『日本人の姓』(六芸書房 一九七二年)にも、太田は多くて全国で三六位につける姓だが、大田の方はずっと下位に位置する少数派だとあった。近年は四四位説も見る。

さて山口県である。太田姓は250件にも届かず、大田が1100件を超えている。全国では「太田が大田の約七倍」で太田姓が圧倒的に多数を占めるのに、ここでは「大田が太田の約五倍」とほぼ逆転している。「おおたさ〜ん」と呼ばれて手を挙げる人の八割以上が「大田さん」なのである。

実はこれ、人の姓に限った話ではなかった。地名の「おおた／おおだ」も、山口県では太田と表記された例は見当らず、全部が点の無い大田なのである。以下、『日本分県地図地名総覧59』による。

山口県宇部市東岐波大田《おおた》、玖珂郡玖珂町大田《おおた》、熊毛郡平生町佐賀大田《おおた》、豊浦郡豊北町田耕上大田《かみおおた》・下大田《しもおおた》／熊毛郡田布施町川西大田《おおだ》、美祢郡美東町大田《おおだ》

全国の「おおた(大田、太田)」姓(濁り読みの「おおだ」姓も含む、以下同じ)の分布状況を知りたいと思い、便宜的に、『ハローページ』で「都道府県庁の所在地」を取り出して、両者の実数を調べてみた(一七二頁の表3)。これは、そこから全体の状況を推し量る、所謂、点と点を繋いだ「ボーリング調査」、「試掘」である。そこでは多田姓はひとまず措いて考えた。予想した通り、太田は「全国区」の姓だった。特に、東日本地方と近畿では「おおた(大田、太田)」姓全体の九割を超えている。対する大田姓の方は、「近畿地方よりも西」でこそ二割台半ばにまでなるが、「全国総合」では太田姓の七分の一弱にすぎない。平成の大田さんは少し肩身が狭そうである。

最近は電話番号を公表しない人が増えて、その表3の姿が、即「おおた(大田、太田)」姓の実勢・現状だとは断言できないが(私の数え間違いも)、それでも大体はこの通りだろう。全国の都道府県庁所在地の中でも、やはり、山口市の「大田が太田の約九倍と圧倒的に多数」(二〇〇六年現在)の姿は際立っている。

表3　都道府県庁所在地における「おおた（大田、太田）」姓の分布

都道府県庁所在地	大田	太田
北海道札幌市	49	890
青森県青森市	1	457
岩手県盛岡市	1	186
宮城県仙台市	6	661
秋田県秋田市	5	163
山形県山形市	2	226
福島県福島市	3	101
茨城県水戸市	6	55
栃木県宇都宮市	7	85
群馬県前橋市	7	120
埼玉県さいたま市	21	268
千葉県千葉市	24	324
東京都二三区	170	2257
神奈川横浜市	98	1261
新潟県新潟市	74	388
富山県富山市	116	264
石川県金沢市	71	283
福井県福井市	14	77
山梨県甲府市	0	71
長野県長野市	39	373
岐阜県岐阜市	8	232
静岡県静岡市	14	444
愛知県名古屋市	63	1245
三重県津市	42	250
滋賀県大津市	22	161
京都府京都市	70	841
大阪府大阪市	137	726
兵庫県神戸市	124	444
奈良県奈良市	29	137
和歌山県和歌山市	17	323
鳥取県鳥取市	48	225
島根県松江市	15	114
岡山県岡山市	37	734
広島県広島市	**327**	**234**
山口県山口市	**147**	**16**
徳島県徳島市	19	78
香川県高松市	2	379
愛媛県松山市	42	87
高知県高知市	28	43
福岡県福岡市	85	281
佐賀県佐賀市	12	55
長崎県長崎市	47	283
熊本県熊本市	38	226
大分県大分市	11	213
宮崎県宮崎市	21	165
鹿児島県鹿児島市	**90**	**36**
沖縄県那覇市	**88**	**48**

大田　**2297**件
太田　**16530**件

（『ハローページ』（二〇〇六年）により集計）

（2） 大田姓の出自は？

歴史の上では、点の無い「大田」姓が奈良時代頃に現れるのは確かなようである。大田さんも、奈良、平安時代にタイムスリップしたら大手を広げて歩いているか。

文献中の大田姓の早い例は、『古事記』（712）の「次、大碓命、守君・大田君・嶋田君之祖」（中巻 景行天皇の段）、これは美濃国の人か。『日本書紀』（720）の「時大田姫皇女、産女焉」（斉明天皇紀。天智天皇紀にも）「根鳥皇子、是大田君之始祖也」（應神天皇紀）他も居る。『新撰姓氏録』（815）の「大田宿禰、大碓命之後也」（巻之七 河内國皇別の条）は、畿内の河内国の人である。そして、どの大田にも点が付いていない。

地名の「おおた」表記はどうだろうか、平安時代中期の古辞書、『和名類聚抄』で確認してみる。

『高山寺本和名類聚抄』

出羽郷	出羽郡大田	（巻七・四五オ）
武蔵郷	埼玉郡太田於保多	（巻六・二一ウ）
安房郷	安房郡太田於保多	（巻六・二三オ）
信濃郷	水内郡大田於保太	（巻七・三六オ）

『元和古活字版和名類聚抄』

出羽國	出羽郡大田	（巻七・一九オ）
武蔵國	埼玉郡大田於保太	（巻六・二五オ）
安房國	安房郡太田於保太	（巻六・二六ウ）
信濃國	水内郡大田於保多	（巻七・八オ）

上野郷　吾妻郡大田　（巻七・三八ウ）
遠江郷　周智郡大田　（巻六・一五ウ）
遠江郷　長下郡大田　（巻六・一五オ）
美濃郷　安八郡大田　（巻七・三三オ）
美濃郷　大野郡大田　（巻七・三三ウ）
紀伊郷　名草郡大田　（巻九・七一オ）
播磨郷　揖保郡大田　（巻八・六〇オ）
播磨郷　佐用郡大田　（巻八・六〇ウ）
讃岐郷　香河郡大田　（巻九・七三ウ）

上野國　吾妻郡大田於保太　（巻七・一〇ウ）
遠江國　周智郡大田於保多　（巻六・一八オ）
遠江國　長下郡太田　（巻六・一七ウ）
美濃國　安八郡大田　（巻七・四ウ）
美濃國　大野郡大田　（巻七・四ウ）
播磨國　揖保郡大田於保多　（巻八・一一ウ）
播磨國　佐用郡大田　（巻八・一一ウ）
讃岐國　香川郡大田於保多　（巻九・五ウ）

『伊勢二十巻本和名類聚抄』

紀伊國　名草郡大田　（巻九・一ウ）
讃岐國　香川郡大田於保多　（巻九・四ウ）

（馬渕和夫『和名類聚抄 古写本声点本 本文および索引』（風間書房 一九七三年））

訓が付けられた「読みの確かな地名」はあまり多くないが、ともあれ、西国の地名ではすべてが点の無い大田である。別に、「請㆓大田村與富等地㆒」（『播磨國風土記』（715頃）揖保郡）もある。一方の東国には太田も見える。武蔵と安房と遠江三ヶ国の各一箇所（ゴシック）と『常陸国風土記』（717–724頃）

の「久慈郡」の項の「郡東七里　太田郷」、みな点が付く。太田は日本国に新たに組み込まれた東国に拠点を置く姓氏のようで、その名が桓武平氏の貞盛流に属する武将の中にもある。

（3）毛利藩政時代の「おおた（大田、太田）」姓

毛利氏が治めた山口県の古く遡《さかのぼ》った長州藩の時代、「おおた（大田、太田）」姓はどのような状況にあったのか。それを知る手懸かりが山口県文書館所蔵の史料の中に残されていた。一六七七年（延宝五年）作成の『分限帳』と『無給帳』である。毛利藩士（知行取や無足の者）の姓名と知行高（俸禄）が記録されている。拾ってみると、四名の大田姓に対し、太田姓の者は一名だけ見つかった。この江戸時代前期の毛利藩士の「おおた（大田、太田）」の顔ぶれから、当時も点の無い大田が多数を占めていたと考える。

『延宝五年分限帳　完』（山口県文書館毛利家文庫　給禄39）
　八拾石　大田藤兵衛
『延宝五年無給帳　一』（山口県文書館毛利家文庫　給禄74）
同五人　金子貳拾両　大田八兵衛
同三人　米三石五升　太田祖閑

同三人　米五石　　　　　大田弥右衛門
『延宝五年無給帳　二止』（山口県文書館毛利家文庫　給禄74）
同貳人　米五石　　　　　大田竹之允

この状況は庶民が正式に苗字を持つようになった明治初頭以降も続いて、今見る山口県の「おおた（大田、太田）」姓の姿（大田が太田より圧倒的に多数）は、それの延長線上にあるのではないか。

（4）大田姓が山口県で多くなる理由《わけ》

「姓も地名も大田の方が太田より圧倒的に多数」の山口県、それとよく似た姿・傾向が、意外な所に見つかった。鹿児島、沖縄の両県である。特に鹿児島県の場合は瓜二つであり、大田姓が太田の五倍近くに達する。「薩長連合」だった。地名の方も点の無い大田ばかりで、その点も山口県と同じである。

鹿児島県　大田４５２、太田92
沖縄県　　大田３７０、太田１６２
（順に、二〇〇六年一〇月と二月現在の『ハローページ』から集計）

鹿児島県大口市大田《おおた》、日置郡伊集院町大田《おおた》(大田上・大田下西・大田下東)
沖縄県具志川市大田《おおた》、国頭郡恩納村大田《おおた》、島尻郡具志川村大田《おおた》

山口、鹿児島、沖縄の三県でなぜ「大田姓が太田よりも多数派」になるのか。その理由・根拠についても少し臆測してみたい。手順を大分外し歴史学的な「論証」には程遠いが……。

先に、「太田は、新たに日本国に組み込まれた東国を拠点とする姓氏」だと考えた。その後、近畿辺りまで勢力を広げた。天下を取った徳川幕府は、その縁戚者や「三河以来の恩顧の武将」を次々と西国(西軍の根拠地)に向けて送り出し、移封していった。その結果どのような事態が起きてきたか、その一例を挙げてみる。東部を松平氏が治めてきた香川県(西部は大半の期間を近江出の京極氏)では、太田姓が九割台の半ばを超えている。あたかも、近畿地方や東日本地方の姿・傾向をそのままそこに見るようである。

香川県　大田24、太田667
徳島県　大田96、太田237
高知県　大田84、太田154
愛媛県　大田137、太田253

（順に、二〇〇六年一二月、九月、九月、四月現在の『ハローページ』から集計）

他の四国三県でも太田姓が大田を大きく上回っている。阿波には尾張出の蜂須賀氏、土佐には山内氏、伊予には松平を中心に、大洲周辺に加藤、宇和島周辺に伊達の各氏、いずれも東国出身の武将が入った。近畿を含む西日本地方の各地にこれだけ太田姓が増えた理由の一つに、徳川幕府のとった「幕藩政策」があるのではないか。

現在の山口県に当たる周防・長門二ヶ国（長州藩）は、大内氏（守護大名）以後毛利氏が明治維新まで治め、二六〇余年、そこに「近畿や東国からの移封」が無かった。島津氏が一貫して治めた薩摩藩もその点は同じである。なお、琉球は一六〇九年（慶長一四年）からその島津氏に帰属している。

意外なところに「裏付けが見つかった！」と思った。

※毛利氏は、広島県高田郡の旧吉田町（現在の安芸高田市吉田）一帯を発祥の地とし、一時は、安芸（広島県西部）、備後（広島県東部）、備中（半国）、周防、長門、石見、出雲、隠岐、伯耆（三郡）を領有した石高一一八万石の西国有数の大名だったが、元はと言えば、安芸国の一豪族であった。そこに注目して、その毛利氏が出た現在の広島県で、「おおた（大田、太田）」姓がどんな状況にあるのか、それを二〇〇六年九月現在の『ハローページ』で確かめてみることにした。その結果、「大田が822、太田は510」だった。二倍を超えてはいなかったが、それでも点の無い大田姓の方がかなり多数を占め

ていた。

広島県は、地名の「おおた／おおだ」の表記でも「大田」が「太田」を圧倒しており、その点もまた山口県の場合と同じである。地名の場合は、簡単に「昨日までは大田だったが、今日からは変更だ、点を付けた太田にするぞ。」とはいかないだろう。この地名表記の状況は、「現在の広島県で（安芸・備後の時代にも）大田姓の方が太田よりも多くなる」、その傾向に連動している。

　広島県三次市三若町大田《おおた》、世羅郡世羅町本郷大田《おおた》町、豊山郡安芸津町大田《おおた》、甲奴郡上下町階見太《おお》田《た》／府中市河佐町大田《おおだ》、豊田郡東野町鮴崎大田《おおだ》、御調郡御調町大田《おおだ》
　（世羅郡の旧甲山町一帯は、鎌倉時代以来の高野山領で「大田庄《おおたのしょう》」と呼ばれている）

毛利氏亡き後の安芸・備後二ヶ国には、秀吉子飼いの福島氏（正則）が入ったがすぐに信濃国川中島に移封、その後改易された。浅野氏が安芸国と備後国（八郡）を引き継いで明治維新までずっと治めた。浅野藩初代の藩主長晟《ながあきら》は近江の生まれ、父親の長政は尾張の人である。ともに幾つかの藩主を歴任。二〇〇六年五月現在の『ハローページ』によると、滋賀県の場合は太田姓が大田を圧倒（大田88、太田757）、愛知県の場合も太田が大田の二〇倍を超えている（大田298、太田6610）。備後の残りの半国の方は、三河から出た水野氏が引き継いで一六九八年（元禄一一年）まで治め、その後に江戸出身の阿部氏が入ってきた。右に述べたように、愛知県は太田が二二倍以上、東京都も「大山170、

太田2257」（表3参照）で（転入者も多いが）、共に太田姓が大田を大きく引き離している。
「毛利氏が治めた」という共通の歴史を持ちながら、広島県の大田姓は多いものの太田の一・六倍程度に止まり、山口県が見せる偏り、「大田姓が太田の約五倍」に比べるとかなり低い。なぜそうなのか。
毛利氏は、関ヶ原での敗北以後、押し込められた周防・長門二ヶ国に家臣団のほとんどを伴って移っていった。後にした安芸と備後には、東国から福島、浅野、水野、阿部の四氏が相前後して太田姓の者も連れて入ってきた。山口県では毛利氏に付き従って来た分の大田姓が増えた。広島県では出ていった分の大田姓が減った。毛利氏の居城があった萩市の「大田162、太田2」や、隣の長門市の「大田77、太田1」の姿もそれを裏付けている。

ある日、広島県高田郡旧吉田町の電話ボックスにポツンと置かれた「二〇〇五年版のハローページ」が目に飛び込んできた。毛利氏の根拠地はこの一帯。急いで頁をめくり「おおた（大田、太田）」姓を探した。心臓が高鳴った。「旧吉田町の大田姓は太田の六・五倍」である。「ケリがついたあ」と思った。

安芸高田市吉田町　大田26、太田4

萩市や長門市ほどの偏りはないが、旧吉田町の大田姓の割合も、山口県全域の「大田が太田の約五倍」よりは高く、その昔《かみ》の安芸・備後二ヶ国の「おおた（大田、太田）」姓の状況を彷彿とさせる。

＊本章の主張には、「旧吉田町の『おおた』姓も広島県全体の傾向と同じ程度」の方が好都合とも言える。「旧吉田町に、なぜ広島県全域の割合以上に大田姓が残されたのか」、その事情を示す必要がある。

お隣の岡山県は、「大田125、太田1538」（二〇〇六年現在の『ハローページ』から集計）である。美濃大垣城主だった恒興を藩祖とする岡山藩（備前国と備中国の一部）の池田氏、一六九八年（元禄一一年）に越前から移った津山藩の松平氏、共に太田姓の者も伴って入国し、その治世が明治維新まで続いている。表3によると、現在の岐阜市では太田が大田の二九倍、福井市でも同じく五・五倍である。岡山県は「太田姓の多さ」が際立ち、山口、広島両県とは対照的な姿を見せている。

岡山県岡山市西片岡大田《おおた》、津山市大田《おおた》、英田郡東粟倉村大田《おおた》／御津郡建部町大田《おおだ》

Uさんの実家の町にも太田姓が多いが、地名の傾向から見て江戸時代以前の岡山は大田も多かったか。

実家にタウンページのような分厚いものがなく、薄っぺらな電話帳しかなかったのですが、「太田さん」が六軒に「大田さん」が一軒で、「太田」の方が多かったです。これは私の住む倉敷市内の二つの地区の合計です。規模は相当小さいですが…。

（人文・Uさん）

愉快な日本語講座 ▶15

山口県の大田さん、全員集合

太田さんより多数派

数年前のこと、「山口大学には二千人近い教職員がいますが、『おおた』姓が十六人、そのうち、点の付かない大田さんが十三人、点の付く太田さんが三人います。少数派の太田さんのうち二人はなんと県外のご出身でした」と話すと、学生からすぐに質問がきた。

○私は山口県の出身、小さいころ、同じ名字の子は全員が点の無い「大田」だったので、点のある「太田」は変だと思っていました。小・中学校で、他県から赴任してきた先生は、黒板に自分の名前を書き、「点が要るぞー」とわざわざ注意をしていました。

なかなか良いところをついてくる。「ハローページ」を見て驚いた。名字の大田と太田の件数。山口市が百十九と十五。以下、旧小郡町が十九とゼロ、旧秋穂町が十七とゼロ。太田がほとんど無い。県庁所在地の山口市に太田が十五件あるのは、他県から来た人が少なからずいるからか。

○実家の「ハローページ」では、大田と太田は、熊毛郡が十八と二、旧鹿野町も十とゼロ。光、下松、周南各市で太田が増え、旧新南陽市では七と十三で逆転します。工業都市には他県からの転居者が多いのかも?

○私の住む宇部市では、大田が百十六世帯、太田が二十九世帯です。

この報告はありがたい。

イラスト・藤田はるえ

全国的には、太田が多数を占め、大田の約六、七倍。近畿・四国と愛知・静岡県、関東などの東日本で太田が目立つ。一方、大田は西日本の一部で若干多い程度。そんな中で、山口県は大田が約千三百件と際立って多く、太田は三百に足りない。なぜか大田は鹿児島県でも多い。

さて、毛利藩の延宝五(一六七七)年の「無給帳」「分限帳」をみると、大田が四人、太田は一人である。昔から大田が多数派だったようだ。広島県は大田がやや多め程度にすぎないが、おもしろいのは、毛利氏が出た旧吉田町。ほぼ七対一で大田が圧倒的に多く山口県の傾向によく似ている。大体、「新撰姓氏録」(八一五年)に見えるのは大田だけ。太田は、大田と大田部を区別するために大田部の方に点をつけてできたという。

山口県と鹿児島県になぜ大田が多いのだろう? 西日本の中で、長州と薩摩は、江戸時代ずっと毛利と島津が治め、近畿や東日本出身の大名と転封などの縁がないため太田が少ない。この添田説はどうだろうか。

これとは別に一つ疑問があった。名字や地名では、太田が近畿・四国と東日本に圧倒的に多いのに、なぜ肝心の東京都の大田区に点が無いのか。大田区は旧大森区と旧蒲田区との合併で大田区となったからのようだ。

固有名詞の物語るものは面白い。一時期、大阪大の国語学国文学(中国文学)関係のスタッフの姓が、徳川、伊井(井伊ではないが)、福島、島津、真田、後藤の各先生。なぜか徳川、豊臣関連の武将と同じ(似た)名前に集中していた。

高知県の中村市に、全国の中村さんが「全員集合!」したことがあった。全国の山口さんも山口市に集まるといいな。

(山口大学人文学部教授・添田建治郎)

山口県の大田さん、全員集合
(中国新聞社提供:『中国新聞』2007 年 2 月 24 日朝刊より)

（5）「おおた(大田、太田)」姓の分布から分かるもの

広く全国の「おおた(大田、太田)」姓を眺めてみて、点の付いた太田の占める割合が特に高いのは青森県である。その九分九厘が太田姓なのである(大田7、太田1666(二〇〇六年九月現在の『ハローページ』から集計))。地名の「おおた／おおだ」も、左に示すように四箇所のすべてが太田なのである。件数の方で太田姓が目立つのは、愛知、静岡、神奈川、東京、北海道などの都道府県のようだ。例えば愛知県の場合、地名の「おおた／おおだ」も大半が太田である。

青森県上北郡十和田湖町沢田太田《おおた》、北津軽郡市浦村太田《おおた》、三戸郡倉石村又重太田《おおた》／北津軽郡板柳町太田《おおだ》

愛知県名古屋市瑞穂区太田《おおた》町、守山区小幡中太田《おおた》・西太田《おおた》・中太田《おおた》前、半田市乙川栄町太田《おおた》町、豊田市和会町太田《おおた》上・太田《おおた》下、東海市大田《おおた》町／東加茂郡旭町太田《おおだ》

そこで、「おおた(大田、太田)」姓の武人、文人などが居たら、「大田と太田の違いによりある程度その出身地が割り出せる」かもしれないと考えてみた。例えば、太田道灌が出た「神奈川県」と太田牛一が出た「愛知県」では、共に太田姓が大田よりも圧倒的に多い(前述)。幕府の下級武士の大田南畝(蜀山人)の出自は？

江戸城を造営した室町期の武将太田道灌は、相模国の太田部直の後裔にあたる。織田信長の伝記『信長公記』を書いた太田牛一は尾張の人である。

＊渓谷は、多く、中央地溝帯より東で「沢」、西(中部地方も)では「谷《たに》」と言う故、概ね、東に中沢、渋沢さん、西に中谷《なかたに》、渋谷《しぶたに》さんが分布する。地名もそうだ。一方、「たに(谷)」の意を「や」と言う東京近辺には中谷《なかや》、渋谷《しぶや》さんが目立つか(「谷 たに…江戸近邊にて○やと唱ふ」(『諸国方言物類称呼』(1775)巻一))。地名もそのようだ、市ヶ谷、世田谷、日比谷、そして渋谷である。

大田姓の偏りに、動乱の近世初期や幕藩体制下の局面を垣間見ることが出来る。周防・長門、薩摩に東国出身者が移封されていたとしたら、山口、鹿児島両県の「おおた(大田、太田)」姓の様相は大分違ってきたのではないか。

> 先生の言っていた事典を見たら、大田が女型、太田は男型です。大の字になって昼寝しているとあそこに大切なものがあるからだと。わかりやすいです。大田には点はありません。女性にもそんなものはないですが、大の字になって昼寝するようにはなりました。
>
> (経済・Yさん)

軽々しい論評は慎むが、それでもYさんの質問カードには思わずにんまり、膝を打ってしまった。

ある時期の大阪大学の国語学国文学、中国文学関連の研究室の先生方には、伊井(井伊)、後藤、真田、島津、徳川、福島など、関ヶ原や大坂夏の陣で敵味方に分かれて戦った武将を連想させるお名前がずらりと並んでいた。極めつけはお隣同士でいらした徳川、真田のお二方である。ご紹介くださった奥村三雄先生のお顔はご自分の気付きにとても愉快そうだった。

随分昔のことだが、高知県の中村市(現在の四万十市)が企画した「全国の中村さん、全員集合」が話題になった。福岡県田川郡添田町で「全国の添田さん、全員集合」の催しがあればすぐにも駆けつけるが、一〇〇〇位以内にも入らぬ少数派の添田姓のことだから、比べてちょっと淋しい会になりそうである。

18　あなたの言葉、私のことば

学生たちと続けた「日本語をめぐる取っ組み合い」を少し紹介したい。教室で見せる彼らの感性の鋭さは脱帽物で、実に心地良いものだった。本章はそんな日本語のこだわりの記録である。

（1）ハチリハンのさつま芋

自分は長崎県出身です。祖父母はサツマイモのことを「はちり」と言います。

（教育・H君）

H君の質問カードに答えて次の授業でこう切り出してみた。

江戸時代、焼き芋が栗(九里)の味に似ていると考え、甘藷を「はちりはん」と呼んでいました。その頃、肥前、今の佐賀・長崎県ですが、その肥前では、「とういも」「からいも」の他に「はちり」と言っていました。四国でも「はちりはん」とあります。「はちり」や「はちりはん」の名は、栗(九里)に似た味だが少し劣っているという発想から付けられたようです。それでも、『本草綱目啓蒙』(小野蘭山)は「上品」と言っています。優れものなのでしょう。「飢饉を救った栄養価の高い芋」なのは確かです。

京坂では「じゅうさんり」とも言いました。これは、江戸から十三里くらい離れた川越《かわごえ》辺りが甘藷の主な産地だったからだとの説もありますが、江戸末期の風俗を書いた随筆の『守貞謾稿』(喜田川守貞)、その「薩摩芋ノ看板行燈」の項に言うところが当たっていると思います。「京坂にて、是に十三里と書るありし。栗より味《うま》きの謎也。…」、つまり、「薩摩芋は栗(九里)より(四里)もうまい」といった発想をして成り立った洒落だと考えてよいと思います。

京坂ニテ、薩摩芋焼キ、或ハ、蒸賣ル小戸ノ業也。其行燈ニ、八里半ト書ル者多シ。是ハ蒸栗ノ味ニ似テ、僅カニ劣ノナゾ也。…因云、京坂ニテ、是ニ十三里ト書ルアリシ。栗ヨリ味キノ謎也。従レ栗九里四里和訓近シ。

(『守貞謾稿』巻之五・生業)

甘藷　…　リウキウイモ　サツマイモ　シマイモ讃州　トウイモ肥前　カライモ　ハチリ倶ニ同上　又肥

前二、モチバチリ　サクラバチリアリ。皆上品ナリ。（『重訂本草綱目啓蒙』（1847）巻二二）

紫は江戸、茜《あかね》は山科、八里半といふ芋、栗に似たる風味とて四國にありとかや、人間草木天地に私なし、種にかはらずして、自然と所によりてかはる事あまたある中に…（『心中大鑑』（1704）一・一）

おいか「…いづかたも焼芋のないことはございません

おたこ「さやうございますとさ。私《わたくし》も初《はじめ》は何《なん》の事を申すかと存《ぞん》じたらば、八里半《はちりはん》とは九里《くり》に近《ちか》いと申すことだと

おいか「さやうさ、最《もう》ちつとで栗《くり》だといふ事ださうにございます。おまへさんはどうか存《ぞん》じませぬが、私《わたくし》どもは栗《くり》よりおいしうございます…（『浮世風呂』三編巻之下）

休みに長崎に帰った時、祖母に、サツマイモのことはハチリと言うらしいよと話したら、「知っとるよ。でも、うちは『はっちゃん』って言いよるばい。」と言っていました。愛嬌があるという理由で島原の人は〃はっちゃん〃と呼んでいたそうです。（医・Yさん）

甘藷のことを方言でどのように呼んでいるのか。長崎県では、ハチリ、ハチル、バチリ（サツマバチリ）、ハチン、ハッチャンと実に多様である。出身地が島原だと言うYさんの祖母は、「愛嬌があるか

ら「ハッチャン」だと振り返っている。「ハチリハン→ハチハン」と変化し、訛って「ハッチャン」になったものではないか。つまり、『愛嬌があるから』は、話者が、『ハッチャン』の持つ音の響きから思い浮かべた後付けの説明・解釈」だと考えるのだが、どうだろうか。

（2）「〜ばい」とか言わんばい

次のFさんとTさんは、「日本語をナイスキャッチ」している。小学生の頃に初めて逆上がりが出来た時のあの手応え、懸命に背走しながらフライをうまく捕った時のあの達成感、「ヤッタ！」に近い。

今日の講義で、親はこどもに共通語を話してほしいのではないかという意見を聞き、私も母から方言を注意されたことを思い出しました。ただ、私の母の場合は、「〜だよ」という意味の「〜ばい」という方言の音が汚いと感じ、女性は使うものじゃないと考えたらしく、兄には注意せず、私だけに注意していました。しかし、今でも印象的に覚えているのですが、母は「ばいとか言わんばい！」と言うのです。従って、当然のことながら私は今でも「〜ばい」と使っています。

（人文・Fさん）

先日暖簾《のれん》の絵が描かれたトラックを見かけました。一瞬、暖簾を配送しているのかと思いましたが、その暖簾の絵の左側には「飲んだら」、下側には「のれん」と書かれていました。つまり、「飲んだら乗れん」、飲酒運転はしませんよという宣言だったのです。「乗れない」という否定を「乗れん」とするのは西日本に多いので、少なくとも西日本のどこかから出発したトラックだなあと思いました。中部地方より東に出かけたら、せっかくの宣言もピンと来てもらえないでしょうね。

（人文・Tさん）

判断を相手に穏やかに教示する文末詞「ばい」は、「わい」を強めた言い方である。これと似た話がある。ある日、N教授が私を「先生、ちょっと！」と呼び止め、「内緒の話ですが、実は妻は……」と話し出し、こらえきれずにプッと吹き出された。もう五年の歳月が過ぎているが思い出すたびに笑ってしまう。

妻は福岡県の筑後地方の出身なんですが、娘の使う山口弁の「言わんそ(言わないの)」が気になって仕方がないらしく、「言わんそなんて言わんと(言わないの)」と注意するんです。筑後地方では「そ」や「の」と同じ意味・用法(念押し)の文末詞は「と」ですよね。

(3) 紫式部は「おなす」を食べていた

省略形の多くは下略で（言葉の後半の要素を省いて）作られ、それがぼかし表現になる。内容を言い尽くさずに「あれよ、ほらあれ！」の世界である。言葉は、前半部を聞けば大体その言っている意味が分かる。後半部は意味負担の量が少なく、省いたとしても意思疎通にそれほどの問題は無い。

あの紫色をした野菜、そうです、茄子《なすび》ですね。日本人は、その茄子も胡瓜も平安時代にはもう食べていたということを、皆さん知っていましたか。『和名類聚抄』（934頃）に載っています。茄子のことを西日本ではナスビ、大半の東日本ではビを省いてナスと言っています。そのナス形の上に接頭語の「お」を付けたのがオナスで、どちらも女房言葉なんです。ぼかした表現ですね。そこでは、そのオを改めて取り除いた形のナスを取り入れたんですね。

この説明を聞いてAさんが早速訊ねてきたが、その傍点の部分はちょっと見当違いだったかな。

「なすび」は方言だったのですね。しかもあまり西日本出身の友人でも使う人がいなかったので驚きました。「び」がどうして付いたのですか。

（教育・Aさん）

茄子　…一名紫瓜子　茄音荷　和名奈須比　（『伊勢二十巻本和名類聚抄』巻一七・一一ウ）

胡瓜　…寒不可多食動寒熱發瘧病　和名曽波宇里　俗云木宇利　（『同右』）

『本草和名』（下巻・三九ウ）も「茄子」に訓みを「奈須比」と注する。ナスよりナスビの方が古くからあった正格の語形である。ナスは、ナスビの後部要素の「ビ」を略してぼかした女房言葉。そのナスが、宮中の御湯殿上《おゆどののうえ》に詰めて奉仕する女官が連綿と書き継いできた『御湯殿上日記』にも出てくる。「ナスビ→ナス」は、後部要素を省いて出来た、「カブラ→カブ」「ユカタビラ→ユカタ」と同様の変化である。「ビ」を添加したもの（ナス→ナスビ）ではない。女性は物事を品良くそれとなく言う。

一七世紀初めの『日葡辞書』は、カブ(Cabu)は婦人語でカブラの方が元々の「正しい」言い方だ、ユカタもユカタビラの省略形だと言っている。『奉公覚悟之事』では「(下略形の)ユカタは使わぬように気をつけなさい。」と注意を与えている。まるで、「今時の若者は」と眉をひそめる現代の大人の姿を見るようだが、そうではない。『日葡辞書』はキリシタンの宣教師が布教活動の場で使う日本語学習用の辞書であり、『奉公覚悟之事』の方は室町時代の「武家の奉公に関わる故実」の記録なのである。

りしやう院よりむし竹まいる。松木よりなすの小折まいる。

（『御湯殿上日記』文明一五年(1483) 五月一五日）

Cabu. かぶらの根、またはかぶら。これは婦人語である。Cabura と言う方がまさる。

（『日葡辞書』）

Yucatabira.l,Yucata. 後者は省略形。湯で身体を洗う者が、自分の身体を拭くための帷子(*Catabira*)。

（『同右』）

一 くらを置と云べし。しくとハ云まじき也。（中略）

一 湯かたびらを。ゆかたとハ云まじき也

（『奉公覚悟之事』（一五世紀中〜後半））

紫式部は、茄子のことをナスビと言っていたか、それともナスと言っていたか。宮中に仕える女房なのだから、下略してぼかしたナスだろうか、もっと上品なオナスだったと思う。

茄子は先ほどの『和名類聚抄』に「紫瓜子」と記され、その表皮はやっぱり平安時代も紫色であった。紫式部は、自分の名前を思い出させる茄子、その煮物などを好んで食べていたかもしれない。

（４）「うるはし」とあっても「うるわし」と読めよ

高等学校の授業では、「うるはし」と書いてあっても「うるわし」と読むようにと記憶させられていました。どうしてそうなるのか説明されずに、ただ機械的に。

（人文・Kさん）

確かにあの頃、「機械的」は多かった。banana はまだ良かったが、lion がなぜリオンでなくライオンなのか、でも lip はライプじゃないし……。window と wise、同じ wi と書くのになぜ発音が違うのか。そこに原則や法則は無いのかと思った。英語の発音の歴史は素通りで、先生方の口癖は「余計なことは考えるな！」だった。すっきりとせず立ち往生する。あまり悩まない生徒の方が受験に強かった？

古典の授業では「『うるはし』は『うるわし』と読めよ。」の一辺倒だった。なぜだかは説明されず、分からぬままにそう思い込むことにした。語頭に比べ語中語尾では調音※が弱くなる。例えば平安時代のハ行音の場合、それが語頭に立つ時は、頭に無声の両唇摩擦音[ɸ]（[h][ç]ではない）が来る「ファ、フィ、フ、フェ、フォ」と発音されるが、語中や語尾では一転、有声の（無声音より調音が弱い）両唇摩擦音[w]が来る「ワ、ヰ、（ウ）、ヱ、ヲ」になる。

※調音…音声器官が音声を発するための動きをすること。

花《はな》、人《ひと》、舟《ふね》、蛇《へび》、矛《ほこ》…　→［Φ-］
川《かは》、恋《こひ》、(今日《けふ》)、家《いへ》、顔《かほ》…　→［-w-］(［-u］)

発音の「位置(部位)、方法」が同じだったら、調音は有声音の方が無声音よりも弱い。同じ両唇の位置で摩擦させる［Φ］と［w］の場合も、有声音［w］の方が弱い。それは、手をそっと口元に近づけて発音し、手の平に吹きかかる息を比べてみると分かる。［wa］［wi］…の「ワ、ヰ…」の息の勢いの方が、［Φa］、［Φi］…の「ファ、フィ…」よりも弱い。大学で教わったことを一言話してくだされば良かったのに……。

翁《おきな》、皇子《みこ》に申すやう、「いかなる所にかこの木はさぶらひけむ。あやしくうるはしくめでたき物にも」と申す。（『竹取物語』（九世紀末〜一〇世紀初））
嬋媛　…美麗之皃　尓保不又宇留和志又於曽与加尓（『天治本新撰字鏡』巻十二・二四オ）

Kさんが言ってきた「うるはし」の読みも、表記は「は」だが、実際の発音は［Φa］の調音を弱めた［wa］だったのである。理由《わけ》が分かると「な〜んだ、そういうことだったのか!」。

(5)「あしだち君」と「あんだち君」

話し手の側の心が働いて方言が生まれてくる一つの例として、同音衝突※を話題にした。「灰はハイ、蝿もハイ」と言う地方では、「ハイが飛ぶ。」では、その飛んでいるものが灰なのか蝿なのか、どっちだか分かりにくい。そこで、灰の方をハイボーと言い換えることにし、蝿はこれまで通りのハイに留めて区別する。浜名湖の西岸の愛知・静岡県境辺り他で聞かれる同音衝突を避ける工夫である。この気配りは、「灰はハイ、蝿はハエ」と言い分けている地方では必要がない。このように説明すると、「あっ、あれも同《おんな》じだあ。」と思い出したのか、あれこれ質問カードが返ってきた。

※同音衝突…意味の違う語なのに同じに発音される場合、意味の区別に支障が出ること。

同音衝突の回避という話で思い出しました。小学校のとき、同じクラスに足立君と安達君がいて、「あしだち君」と「あんだち君」で呼び分けていました。（経済・S君）

歯医者さん、抜歯も抜糸も「ばっし」と読みます。或る歯医者さんに行くと、同音衝突を避けて抜糸は「ばついと」と言っていました。（理・H君）

この二つの質問カード、なかなかの目の付け所でお見事！　良いところに気づいている。

そうだった。S君に倣《なら》って、島根県安来市の「足立美術館」は「あしだちびじゅつかん」、同じ県の浜田市の「石見安達美術館」は「あんだちびじゅつかん」と言って呼び分けよう。「あだち美術館でお会いしましょう」と約束しながら、東と西で待ちぼうけを食らっては大弱りである。「これは良い手だ。」と思ったのだが、地元ではとうの昔からそう区別しているかもしれない。

「抜歯《ばっし》」と「抜糸《ばついと》」も知恵と必要から生まれた言い分けである。外科病棟勤務が長い姪に、現場で抜糸を「ばついと」と言って区別しているのかどうなのか聞いてみたが、そっけなく「知らないよ。」だった。「ばっし」と言えば即「抜糸」の外科では無用である。H君の場合は、治療に行ったのが抜歯もする「歯科医院」だったから聞けたのである。必要は発明の母だった。

同音衝突を避けて誤解を防ごうとする工夫は、化学《ばけがく》と科学《のぎがく》、私立《わたくしりつ》と市立《いちりつ》、基準《もとじゅん》と規準《のりじゅん》など、結構日常の身の回りに多い。山口県内でも「萩高《はぎたか》(萩高校)と萩工《はぎこう》(萩工業高校)」がある。

(6) シングルマザー

意味の違いは異なった語形を作り出して表す、「意味の分担」の手法を授業の中で紹介した(麦粒腫《ものもらい》と地震については本書13章で触れた)。

①「同じ一つの語で異なる二つの意味を表す」ような混乱を避けるため、違う語形を作って別々の意味を担わせることがある。例えば、古い日本語ではアカイの一語がredとbright、その両方の意味を表していた。西日本の大半では今もその言い方が少し残るが、東日本では、アカイでredを表しアカルイの方はbrightを表して、二つを区別するようにした。これは、「意味の分化」に対応した語形の使い分けである。熊本県には、麦粒腫《ものもらい》について、最近、「上まぶたに出来るのがオトノサン、下まぶたに出来るのはオヒメサン」と言い分ける人が居るようだ。

②「異なる二つの語が同じ意味を表して並び立つ」事態を避けるために、お互いの、或いはどちらか一方の語の表す意味を少し変えて、その表す意味内容を分担し合うことがある。

(イ)九州西南部(大分、宮崎、鹿児島三県など)では、「揺れの弱い地震はナエ、揺れの強い地震はジシン」と言って使い分けている。使い続けてきた和語(ナイ、ナエ)の表す意味と、後《あと》から入ってきた漢語(ジシン)の表す意味とに差をつけたのである。この場合は、和語の方に軽い意味を、漢語の方には重い意味を担わせている。

(ロ)横文字外来語が併用される場合は、その外来語の表す意味の方を軽くすることが多い。「派手な女」より「ギャル」の方が気持ちにピッタリくると言う女性が居る、語感の重さを引き受けないですむからだと言って。語感の重い「獲得(手に入れる)」に比べ、「グット」には遊び感覚の気楽な響き(しめしめ)がある。バンクーバーの冬季オリンピックの女子フィギュアの放送で「パーソナルベスト」を初めて聞いた。「自己最高記録」の重い響きが「華麗な舞い姿」に相応しくないのだろう。プロのアメリカ大リーグ野球のイチローの場合は「キャリアハイ」である。打撃の職人への敬意かな。

身の回りを見回して「あれもだ。」と気づいたのか、ここでは質問カードの返りが早かった。

意味分担で思い出しました。レシートと領収書の話はなるほどと思いました。レシートはゴミ箱にポイだけど、領収書は頼まないともらえず、机に入れて無くさないようにする。（人文・Mさん）

レポートと言われるとA４の紙に一、二枚でいいような気がしますが、報告書となると一〇枚も二〇枚も書かなければならないように思います。（人文・Kさん）

シングルマザーと母子家庭は、結婚しないで子供を産んだ母親と、結婚していたけど父親が死んだり離婚したりして母親一人になったとの違いではないでしょうか。（人文・Aさん）

MさんとKさんは実際に体験したことを伝えてきた。印《いん》を捺《お》いた「上記正に領収いたしました」を見ると、大切な領収書だと思ってゴミ箱などには捨てられない。私も学部試験は軽いレポートで済ませたが、大学院の特別研究では、小さな論文並みの報告書を提出してやっとこさ単位をもらっていた。

エッチは、出始めには軽、重、色んなレベルの変態行動を言っていたが、使い込むうちに軽めの性行為(セックス)と受け取られるようになった、それで、深く考えずに「エッチなら良いか。」と一線を越えてしまう。他人事《ひとごと》ながら、「言葉の魔術」に幻惑された実害が心配である。罪深い言葉ではないか。職業安定所もその重い響きが敬遠され軽めのハローワークになった、首切り(人員整理)もリストラに言い替えられた。これで事の重大性が随分薄められた。ワーキングプアでは、生活保護にも繋がる実社会の重い現実が伝わってこない。大企業などの「内部留保」も溜め込みが実質ではいけない。

Ａさんのシングルマザーには考えさせられた。彼女が言っているのは、「母子家庭という言葉は、夫と死別したり離婚したりして子育ての困難をずっしりと背負って生きる、そんな母親一人でのつましい生活状態を表現し、シングルマザーの方は、子供を産んでも結婚せずにさっそうと生き、日々の生活臭など匂わせない軽やかな生き方を表現している。」だろうか。

学生たちは、一つ一つの言葉の持つ、「表す意味を区別するための色んな工夫、働き、変化の特徴」を学んできて、耳に入ってくる日本語に適切に反応し、それを上手に捉えるようになった。

先週、授業が終了予定時間を過ぎた時に、先生が「汽車の時間がある人は帰ってもいいよ。」と言われたのを聞いて、ちょっと嬉しくなりました。というのは、周りの人はだいたい汽車のことを電車と言うからです。私はＪＲを汽車と言い、電車は路面電車のことです。

(匠・Ｓ君)

蒸気機関車（ＳＬ）が引っ張って走るのが狭い意味での「汽車」だった。ただ、総称としては、先頭を電気機関車や気動車（ディーゼル）が引いていても「汽車」なのである。Ｓ君は、その総称の方の意味を頭に置いて「ＪＲは汽車」「路面電車は電車」で区別している。私も同じである。蒸気機関車や気動車が少なくなったせいだろうか、確かに、「ＪＲ、路面電車どちらとも電車」と言う人が多くなった。そうだ、蒸気でタービンを回さない「汽船」もあるのかな。

遠く近くポーッと懐かしく響くＳＬの汽笛、あれも観光用以外ではもう聞けなくなった。

*昭和四十年代頃までだったか。当時の国鉄には、佐世保と呉を結んだ「玄海」、「西海」という「兄弟？の急行列車」（船舶は姉妹）が走っていた。大都市でもないのになぜ直通列車で繋ぐのか不思議だったが、戦前は旧海軍の鎮守府があり、軍事的にも重要で利用価値が高かった、その名残りか。横須賀や舞鶴との間は？

（7）マブツ貝一つ

前と後ろの要素を入れ替えて新語を作り出す「音位（音の位置）の転倒」を話題にした。

物事の出来たての状態を言う形容詞は、昔は「あらたし（新《あらた》し）」（①など）と言っていました。その形容詞の語幹は、「あらたしき年のはじめ」などと言うあの「あらた」です。形容動詞の「新《あら》たに」や動詞「改《あらた》める」などの「あらた」も同じですね。

その一方に、「惜しい」という意味を表す古い形容詞がありました。「あたらし（惜《あたら》し）」（②など）ですね。「しゑやあたらし」は「いやいや惜しいことだ」という意味です。こちらの語幹は、「あたら十五の春を散らして〜」や、『源氏物語』などにも出てきて、「あたら人、あたら身、あたら者」と言っている、あの「あたら」ですね。

そして、③などの「あたらし（新《あたら》し）」ですが、その元の語形は、先ほどの（①などの）「あらたし（新《あらた》し）」だったようです。その「新《あらた》し」から音の位置（音位）を転倒させて「あたらし（新《あたら》し）」という語が生まれました。そのように変化した結果、新しく出来た「あたらし」形が、その元々表していた「惜しい」の意味と、新しく指し始めた「新しい」の意味との両方を示すようになりました。混乱を覚悟した語形の変化ですね。最近、「少し無理をした変化では？」と考えたものか、この「『新《あたら》し』は『新《あらた》し』から音位転倒して出来た」との見方には異論も出ています。あえて火中の栗を拾うような変化を起こすのかと言って……。

「音位転倒による成立」を裏付けそうなのが『観智院本類聚名義抄』の④例です。見出し語の「新」に、「あたらし」と「あらたし」、二つの訓が並んで記されています。

①新《あらた》しき(安良多之支)　年《とし》の始めにや　かくしこそ　はれ　かくしこそ　仕《つか》へまつらめや　万代《よろづよ》までに　あはれ　そこよしや　万代までに　(『催馬楽』(七世紀後～八世紀) 新年)

②秋萩に　恋尽《こひつ》くさじと　思へども　しゑやあたらし(安多良思)　またも逢《あ》はめやも
(『万葉集』巻一〇・二一二〇)

③あてなるもの　うす色にしらかさねの汗衫《かざみ》。かりのこ。削《けづ》り氷《ひ》のあまづらいれて、あたらしき金鋺《かなまり》にいれたる。　(『枕草子』三九段)

④新　…　イマ　アタラシ　ニヒ　アラタシキ　…　アラタム　(『観智院本類聚名義抄』僧中・一八オ)

平安時代に入って、「物事の出来たての状態」を言う形容詞「あらたし」(①など)から、「ら」と「た」(どちらもア列音)の前と後ろが入れ替って(音位転倒)「あたらし」(③など)が出来てき、それまで「惜しい」の意味を表していた「あたらし」(②など)と同じ語形をとるようになった。つまり、「あたらし」の一語が、元々の「惜しい」に加えて「新しい」という意味も表すことになった。

学生はこの説明がどうも腑に落ちない様子だった。突拍子もない語史に思えるだろうし、説明する当の本人も混乱しそうだったから、「これで分かれ!」と言うのは無理だったかもしれない。

平安時代の「くつくつ法師」は、その後、呼び方が前後ひっくり返って「つくつく法師」になった。アニメーション映画『となりのトトロ』では、幼女メイの言う「トウモコロシ」「オジャマタクシ」も加わり、幼な児の浮かべる表情のあどけなさが良く出ていた。「口をつぐむ」が「口をつむぐ」になったり、「腹つづみ」も「腹づつみ」になったりする。同じ母音を持った音節が続く時に位置が入れ替わりやすいか。メリケン粉を「メリコンケー」、あれは私と妹でわざと音位転倒させたのかもしれない。

妻は「ペアになるものが不揃い」な状態をカタチンと言う。カタチンバの後部末尾の要素のバを省いた下略形である。私はそのカタとチンの位置を前後入れ替えてチンカタと言う。これも音位転倒である。「この服、ちょっとカタチンよ」、「そう？　チンカタかい」で二人は十分通じている。

草履《ぞうり》を片《かた》ちんばにはき、かけ出しそうにする拍手《ひやうし》に大きな鼻紙袋《はながみぶくろ》おちかゝり、…

（『遊子方言』発端）

すぐにS君とA君が質問カードを返してきた。二人は生きた日本語をしっかりと捉まえている。

音位転倒の話ですが、私が小学生ぐらいのとき、回転寿司屋で四〇歳くらいのおじさんが、「マッブ貝」を大きな声で「マブツ貝一つ！」と注文してしまいました。そこの寿司屋さんは、お客さんから注文があると、店員さんが大きな声で注文の品を復唱しなければならないことになっているらしく、注文を受けた店員さんが困っていました。店員さんに「マツブ貝ですね。」と念押しをされて、そのおじさんは耳まで真っ赤になって小さくなっていました。
（人文・S君）

授業参観の日、緊張で「海のもくず」を「海のもずく」とひっくり返っていた先生がいた。
（教育・A君）

この二つもウ列の音節が前、後ろに入れ替わっている。児童も生徒も色んな音位転倒を体験している。マブツ貝のおじさんや海のもずくの先生の気持ちを思えばとても気の毒で笑えない。韻を踏んだような話も言ってきた。

私の友達の国語教師に熱血先生がいたそうで、授業中熱くなりながら「起、承、転、結！　クライマックス、ケツマックス！」と言ってしまったそうです。「結末」と言いたかったようです。先生は興奮して気づかず、生徒たちも何も言えなかったそうです。
（人文・Oさん）

Oさんは言い間違えだと思っているが、語呂合わせで洒落たのかもしれない。「授業始めマックス」など流行《はやり》の言い方らしい。熱血先生にどちらだったか直接聞いてみたいな。

この後、突然、講義の内容とどこでどう繋がるのか全く分からない疑問が寄せられてきた。

> ふと思ったのですが、「おまる」というのがありますけど、どうして「まる」になるのでしょう。「お」は丁寧に言うための「お」ですよね。排泄に関しては「おならをひる」などの「ひる」と言う方言が多い気がしますが、所によっては「まる」と言うのでしょうか。
> （教育・U君）

「ふと」だから仕方がない、許すことにしよう。U君の質問カードはちょっと綺麗な話題である。「ちょっと綺麗」とは「相当に汚い」の意である。思わず言った「綺麗な話題」、これは、13章で取り上げた、そうでない女性・妻たちのことを「別嬪じゃ」「ええ女房じゃ」、切れない包丁を「よう切れる包丁じゃ」と言う、あれと同じ発想の言い回しである。あえて逆に言い「そうでない」ことを強調する。私の話も突然に横道に反《そ》れる、他人《ひと》のことを悪くは言えない。

話を元に戻すことにする。彼の質問は「マルとは一体何のことか。」だった。オナラは女房言葉である。動詞「鳴らす」の連用形「鳴らし」、その上に美称の接頭語のオを乗っけたオナラシから、末尾のシを省いてオナラという語を作る。それでも「放屁する」こととの繋がりを一〇〇％断てるわけではないが、実態をぼかそうと懸命に努力している。ネショーベン（寝小便）も、

「オネショしたあ～」だと、事の重大性が薄まり、母は「あ～あ。」で許してくれていた。

オを上に接《つ》ける点はオマルも同じである。「オ＋放《マ》ル→オマル」で女房言葉になる。道路舗装が進んでいなかった戦後すぐの頃、馬車馬が土ぼこりのする大道でジャーッと用を足していた。子供たちが見つけ、「アーッ、小便ばったあ！」と囃し立てていた。バルは、マルから[m]と[b]が子音交替して出来たものである。中部地方西部から西のケムリ・ケブリ(煙)をその東ではケム・ケブと言っている。このような音交替の例は多くて、スバル(昴《すばる》、統《すま》る)、サビシイとサミシイ(寂)など色々と見つかる。バルの濁音の響きがほとばしり出るあれの勢いの強さを感じさせる。

「おまる」は坐って大小便をする道具である。赤ん坊の時、誰もが一度はお世話になった。やがてまた坐ることになるかもしれない。年老いて記憶・自覚を無くしておればまだ救われるが……。

小便　由波里万留
（『御巫本日本書紀私記』(1428)神代上）

亦《また》、其《そ》の、大嘗《おほにへ》を聞《きこ》し看《め》す殿《との》に屎《くそ》まり（屎麻理）散《ち》らしき。
（『古事記』上）

御手を広げたまへるに、燕《つばくらめ》のまり置《お》ける古糞《ふるくそ》を握りたまへるなりけり。
（『竹取物語』）

ひすましわらはしも　厠長女　洗女などしてある也　さやうの物歟行幸の後騎にも在之　まるかふる下女也
（『河海抄』(1362頃)一二）

温かい湯を出すユバリ、「小便」である。それを排出することが「ユバリ＋マル」でユバリマルになる。『古事記』の「クソ＋マル」のクソマルは糞を垂れる。マルと類義のヒル（放《ひ》る）は外にプッと出す。方言の「おならを放《ひ》る」は後ろに屁を放《ひ》り出す意。その連用形のヒリを強めて最後尾のビリになる。

（8）ともちゃ～ん、いのうや

Aさんは、母校の小学校で児童の礼儀作法を説いた「冊子」を見つけたようだ。ナ変動詞起源の「往《い》ぬる」（「帰る」の意）や「死ぬる」を今も使っている地方は多い。山口県方言でも聞かれる。

「帰ろうよ」を言う「いのう」について先生がおっしゃっていましたが、小学校の礼儀作法を書いてある冊子に、普段使ってはいけない言葉として「いのう」が入っていました。そして、

帰るときの「〇〇ちゃんいのうや」はいけません。「〇〇さん、帰りましょう」

とありました。古い冊子で、昭和の時代のものだったかもしれません。

（教育・Aさん）

このままじゃー往《い》なれん／往のうやー／往んでこ（来）ー／わしゃー往ぬる／早う往ねー

死ぬる思いをしたでよ、はー／死ぬる方がまだましじゃ

ずばり一言「昭和の時代」と言われてしまった。冊子はもう一つ、「『ちゃん』ではなく『さん』を使いましょうね。」と接尾語の指導もしている。「正しい言葉遣いをしましょう。」である。先生方が共通語教育のために知恵を出し合って作られた冊子だろう。もうセピア色に変色し、教材室などに主《あるじ》不在のままポツンと置かれていたものか。思えば、社会科の地図、理科の人体図、岩石の標本などが保管された教材室は、校舎の中では一風変わった不思議な空間だった。

二〇年近く前だったろうか、広島県内のある町で、元教師の方に音声調査をお願いした。調査表を順々にお読みになる、「雨が降る」「風が吹く」……、助詞の「が」の発音に度々軟口蓋の鼻音（[ŋa]）が混じってくる。「あれ、どうしてかなあ?」と思った。広島県方言では、「雨が〜」「かがみ（鏡）」等々、語中語尾などの「が」の子音は鼻音ではなくて破裂音「[g]」のはずである。他の「ぎ」「ぐ」「げ」「ご」も皆そうである。「これはもしかしたら……」と思った。そこに、熱心に共通語教育に取り組まれていた先生の、お若い頃の面影をチラッと垣間見たように思った。

高校の頃の話ですが、僕のクラスの担任の先生は、普段は方言で話していましたが、不機嫌になると急に標準語になるんです。なじみのある方言が急に標準語になると、バリアーというか、他人行儀な感じがして（他人ですが）、冷たい印象を受けたことを憶えています。

（経済・S君）

説明の所々に方言を交ぜながら授業を進める気さくな先生だったと言う。それが、何に機嫌を損ねられたか、突然、全国共通語(標準語)の話し方になった。調子が変わり敬語も混じってよそよそしくなる。教室を包んでいた温かい雰囲気が一変し、まるで生徒と教壇の間に垣根が出来たようだ。S君はそこに、方言と全国共通語が醸《かも》し出す「微妙な空気の違い」を感じ取っていたのである。

西日本方言のカッテクルは、以前は「借りてくる(無料《ただ》で拝借してくる)」の意で言っていたが、最近は、「カッテクルはお金を出して買い求めることだ。」と言う人が増えましたね。

前の週に実施したアンケート調査の結果(ほぼ全員が、『拝借してくる』の意は全国共通語の一段動詞を使った『借りてくる』で表す。」と答えた)を紹介しながら話を進めた。教室中が大きくうなずいている。これで分かる通り、最近では、方言の五段動詞を使った「借ってくる」を普通に言える山大生(大半が西日本の出身)は、一〇〇人の中で一人か二人になった。一体、方言は逞《たくま》しく生き続けているのか、息も絶え絶えなのか。

よく祖父に「これ、か(買)った。」と言うと、「誰にな。」と聞かれ、言っている意味が分からずにいると、「借《か》ったんか買《こ》うたんかはっきりせえ。」と言われます。

（人文・Iさん）

教科書の文章は全国共通語で書かれる。普通そこに、方言形の「買うた」「借った」などは出てこない。小学校の時分から、学校では「買った」「借りた」を言い、聞き、頭に入れている。「教科書によく登場して全国共通語とペアになる方言ほど早く消えやすい」という傾向がある。一方で、「あまり教科書などには出て来ず、それでいて身近に見かけるもの」の方言は残りやすい。野菜の「なすび(茄子)」などはまだその残っている方の部類に入る。全国展開するスーパー全盛の時代になったが、西日本の八百屋さんの店頭には手書きした「なすび一本一〇〇円」の値札を見かける。

(9) さすがは大阪

数年前のこと、山口大学で〝シニア　サマーカレッジ〟が企画された。観光旅行も兼ねて全国からたくさんの方々が参加され、夏休みの二週間、色んな分野の講義を受講して帰られた。私も一つ受け持った授業の中で、余談に、「オレオレ詐欺の被害件数が一番少ないのはどうやら大阪のようですよ。どうしてだと思いますか？」と問いかけてみた。女性の手がスッと挙がった。

大阪では自分のことをオレとは言わへんさかい。

「二重丸の正解」である。大阪弁では自分を指す人称代名詞はワイ、だからワイヤワイヤになる。電話口で息子や孫の声がオレオレなどと言うはずがない。そうだった、大阪版は「ワイヤワイヤ詐欺」なのである。大阪で犯人グループの業績が上がらない理由は、犯人仲間の中にこてこての大阪弁を話せる者が居《い》なくて大阪弁の何《なん》たるかを知らなかった、「満遍なく全国の出身者を揃え、当然大阪弁用のマニュアルも作る」といった知恵や資金が無かった、そのいずれかである。

保険商品の企画には、「大阪の女性の寄せる提案に特に斬新なものが多い」らしい。「夫の死亡後には住宅ローンが無料になる保険」という、たくましい提案もそうだろうか。そんな「大阪人気質」もあってか、彼女らはオレオレ詐欺や振り込め詐欺などにはとっこい引っかからない。

「息子さんが問題を起こした。急いで慰謝料を振り込め、ムニャムニャ……」と電話が来た。ところが、その肝腎の息子の勤務先を言い間違え(読み間違え)て、「木江」を「大江」と言ってしまった。S君の祖母が実際に出喰わしたが、幸いにも誘いに乗らなかった事件だった。漢字の読み間違いを大学入試のセンター試験のせいにしては「坊主憎けりゃ袈裟まで」になるが、犯人も、『2番教室からの日本語講座』などを読んでもう少し日本語力を高めなくちゃだめである。単に近眼だったか、慌てん坊だったのかもしれない。

19　日本語に心が見える

（1）「あなた」と「あんた」

友だちと話したりするリラックス状態では「あたし」、面接などで気合の入った時は「ワタシ」と発音しています。（人文・Uさん）

昔から自分のことを家族の前では「しいこ」と言います。今さら「わたし」と言うのは照れてしまいます。家族も、私を呼ぶ時は「しいこ」で「しずこ」はめったにありません。たまに、私の学校の先生や遠い親戚の人と話をするときに「うちのしずこが…」と言うようです。これは、「あたし」と「わたし」の使い分けとよく似ていておもしろいなと思いました。（人文・Hさん）

人称代名詞の「わたし」と「あたし」、「あなた」と「あんた」、それぞれの語の働きや意義に違いは無いのだが、意味には微妙な違いがあって使われる場面も異なっている。Uさんの「気合いが入った時に言う」片仮名のワタシには実感がこもっている。Hさんも応用問題をうまく解いてきた。

南極の昭和基地、そこの越冬隊員宛てに日本の留守家族から電報が届いた。その中に、男たちを一瞬シュンとさせた一通の電文があった。新妻からのたった三文字の「アナタ」だったと言う。心に響く(届く)言葉というもの、つくづく文字数とは関係がないなあと思った。ただ、「あんた」はまだしも、崩れた「あーた」では、相手にもよりけりだが「一歩離れてね。」と言いたくなる。

「もっと詳しく説明して!」と言いたくなる時もある。『新明解国語辞典 第六版』(三省堂 二〇〇五年)が説く「恋」と「結婚」とでは、その内容が質、量ともにあまりに違いすぎる。

恋　特定の異性に深い愛情を抱き、その存在が身近に感じられるときは、他のすべてを犠牲にしても惜しくないほどの満足感・充足感に酔って心が高揚する一方、破局を恐れての不安と焦躁に駆られる心的状態。

結婚　(正式の)夫婦関係を結ぶこと。

「恋」に対する言葉を尽くした説明に比べて、なぜ「結婚」の方はたったの一行なのか。谷村新司は

「♪結婚指輪は情熱のピリオド」（『非婚宣言』）と歌ったが、私は「結婚は恋から愛へのギアチェンジ」だと思っている。ある生涯学習の講座で出席者から提案された定義は、「結婚：男と女が互いを慈《いつく》しみ、子孫を残すために作り出した人間英知の営《いとな》み。」だったが、大学で紹介すると、若い学生にはこれが今一つ人気が無い。「子孫を残す」の一節に違和感を覚え昭和の時代感覚だと言う。「結婚：男女が互いを慈しみながらともに暮らす自然の営み。」はどうだろうか。

（2）いらっしゃいませこんにちは

名前がなつかしく響く「八百屋さん」「魚屋さん」を見かけなくなった。大学前でも店仕舞いが続いて、「おばちゃん、これなんぼ？」の風景も「今は昔、小売店ありけり。」になった。

コンビニの店員さんのマニュアル通りの「いらっしゃいませこんにちは。」が気になる。「いらっしゃいませ」と「こんにちは」の間に切れ目の無い、決まり文句ののっぺらぼうな挨拶である。店長さんは、「『いらっしゃいませ、…こんにちは！』と言いなさい。」と教えたはず。その手本にあった「ようこそ」の気持ちが込められた読点の「、」や「…」をいつの間にか削り落としている。明るく「いらっしゃいませ」と切り出しながら、繰り返すうちに微妙な間《ま》の大切さを忘れ、「えい、面倒だ。」とばかりに省略してしまう。これなら、笑顔の一言「いらっしゃいませ。」の方がまだましである。

デパートや個人経営の店では、「店員は会社の大切な顔だ」と考えて「接客マナーの教育」に力を入れてきたが、臨時採用やアルバイトを多く抱えるスーパー、コンビニ、外食産業などではそんな社員教育にまで十分手が回らず、マニュアル化した客応対が進んでいる。お客さんの回転も早くてどうしてもベルトコンベヤー式になり勝ちである。

「マニュアル化した言語、対応」に関連して、いつの何新聞だったか大体こんな内容の新聞記事を見つけた。

小学校高学年の子供らが数人レストランに入ってきた。店員さんが決まり文句で、「いらっしゃいませ今日は。喫煙席ですか？　禁煙席ですか？」とたずねる。聞かれるなどと思ってもいなかった男の子はたじろぎ、女の子は即座に「吸いませ～ん。」と切り返した。

女の子の方は状況を素早く読みとって絶妙に対応している。「吸いませ～ん」にも「済いませ～ん」を掛けたのだろうか。

井上ひさし氏もこうおっしゃる。

ファストフード店に一人で行き、十人前の注文をしても、店員が「こちらでお召しあがりですか」と聞く。こんな画一化された対応にも違和感を持たない人が若い世代を中心に増えている。

文化庁「国語に関する世論調査」(井上ひさし『にほん語観察ノート』(中央公論新社　二〇〇四年))

20　日本語もいろいろ

（1）　閉まるドアにご注意ください

二〇〇五年のＪＲ福知山線脱線事故の折、テレビの画面にチラッと見えた本社の看板、民営化したＪＲ西日本旅客鉄道株式会社である。その社名、会社の発足時に作字して、「鉄」字の旁《つくり》を「矢」に変えたと聞いた。収益が見込めない「失」では困るがその理由だとか？　元祖の「鐵」字も泣いているか。

ＪＲはいま、日本語をめちゃくちゃにしている張本人の頭目ですよ。
（井上ひさし・平田オリザ『話し言葉の日本語』（小学館　二〇〇三年））

そこまでの崩れとは思わないが、まあ、「お笑い芸人」や若者など、省略の原則に反する上略形（だち、ぱしり…)や逆さ言葉(まいうー、グラサン…)」を作る人々とは、なかなか良い勝負をしている。

関門トンネルを抜けて列車が九州に入る。門司駅を発車する寸前、「これはちょっとねー。」と言いたくなる車内放送が耳に飛び込んでくる。公的な場でのアナウンスは一旦そう言い出すと修正が難しい。

（い）閉《し》まるドアにご注意ください。

以前は、発車直前に「ドアが閉まりま〜す、ご注意ください。」と言っていた。「ドアが閉まる」と知らせ、続けて「注意してくださいね」と呼びかける。お客さんは、目の前の状況を読み取って「気をつけよう。」と用心する。ところが、ＪＲ九州の放送では「閉まるドアにご注意ください。」と言っている。最近はＪＲ西日本でもそれが聞かれる。論理的で明解な一文なのだが、どうも奥行きや余情・情感に欠け無機質に響いて仕方がない。お客さんと向き合った対話をせずに、一方的に「ご注意申し上げました！」と言い渡している。まるで「Watch the doors when they are closed.」の直訳版である。

新幹線の広島駅で出会った光景は愉快だった。発車直前、二種類の放送が相継いで流れてきた。思わず心の中で、前言を言い直した形の場内アナウンスを「頑張れえ〜」と励ましていた。

「閉まるドアにご注意ください。」（車内放送）
「ドアが閉まります、ご注意ください。」（場内アナウンス）

「ちょっと気になる車内放送」がもう一つあった。

（ろ）　開《ひら》くドアにご注意ください。

開《ひら》くとは一つに合わさっているものが離れることである。「開《ひら》き戸」「観音開《びら》き」「鯵の開《ひら》き」「花開《ひら》く」「本を開《ひら》く」「見開《ひら》きのページ」などと言う。手術の時にメスで割いて「お腹を開く」。その開いた状態を糸で縫合して「お腹を閉じる」。本の「袋綴じ」も要は「袋閉じ」である。「♪結んで開《ひら》いて手を打って結んで、また開《ひら》いて～」などと歌うのは、握り合わせて拳骨状態だった指や手の平との間を離すことである。春には堅い蕾もほころんで「花開《ひら》く」。「口を開《ひら》く」というのも合わせた両唇《くちびる》を上下に離していくことである。その意味では、「開《ひら》くドア」の表現自体が「不合理」なわけではない。

これと似た語に開《あ》く、開《あ》けるがある。開《あ》くは「塞いでいるものが取れて開放状態になる」ことで、開《あ》けるは「塞いでいるものを取り除いて開放状態にする」ことである。「雨戸を開《あ》ける」と言うように、電車の戸の「戸袋」への出し入れも、部屋を塞いでいるものが取れること、それを取り除くことを言う開《あ》く、開《あ》けるの方が落ち着く。その開《あ》けるの対義語が閉《し》める。「窓を開《あ》けたり閉《し》めたり」「窓の開《あ》け閉《し》め」と言う。並行的に、閉《し》まるの対義語が開《あ》くではないか。

一方、先ほどの開《ひら》くの対義語は閉《と》じるであり、閉《し》まるではない。「傘を開《ひら》いたり閉《と》じたり」である。

そして、繰り返しになるが、「閉《し》まるの対義語は開《あ》くであって、やはり、開《ひら》くではない」と思う。

鍵を開《あ》ける　雨戸を開《あ》ける　幕を開《あ》ける　窓を開《あ》ける　店を開《あ》ける
鍵を閉《し》める　雨戸を閉《し》める　幕を閉《し》める　窓を閉《し》める　店を閉《し》める
鍵が開《あ》く　雨戸が開《あ》く　幕が開《あ》く　窓が開《あ》く　店が開《あ》く
鍵が閉《し》まる　雨戸が閉《し》まる　幕が閉《し》まる　窓が閉《し》まる　店が閉《し》まる

（い）で「閉《し》まるドア～」と言うのなら、それに対応する（ろ）は「開《あ》くドア～」になる。「開《ひら》くドア～」はその意味で物言いが「不適合」で、私は聞いていて落ち着かない。

（い）の修正案　ドアが閉《し》まります、ご注意ください。
（ろ）の修正案　ドアが開《あ》きます、ご注意ください。

「目を見ひらく」「目をとじる」と言います。でも「目をあける」もありますね。閉じた瞼《まぶた》を上下に押し広げて（離して）外が見えるようにしたのが「目を見ひらく」、その逆が「目をとじる」ですね。一方、目を塞いでいる瞼《まぶた》を取り除いて開放した状態にするといった視点で言ったのが「目をあける」でしょうか。でも、反対の「目をしめる」は言いませんね。本も「本をひらく」「本をとじる」と言います。「教科書の五頁をあけてください」も言います。でも、やはり「本をしめる」は言いません。そうでした、「心をひらく」と対応するのが「心をとじる」ですね。

ＪＲで(ろ)「開《ひら》くドアにご注意ください。」が一人歩きした理由をこう考えてみた。当たっているだろうか。一旦出来てしまった流れを「ちょっと変だ。」と言って押し戻すには勇気がいる。

放送用のマニュアルには、振り仮名無しに「開くドア～」とだけ書いてあった。作成者は「開《あ》くドア～」と言わせるつもりだったが、その意に反して、誰かが「開《ひら》くドア～」と読んでしまった。不幸なことに、それに「右にならえ」でもうブレーキが利かない。

間違いだと分かっていながら「一〇〇〇円からお預かりします」も直らない。蒸し風呂のような暑さの中、「扇風機が絶えず首を振り生ぬるい風を送って」いた。そんな電車の窓を開《あ》けるには勇気が要った。一人が開けると立て続けにガタンと音がした、「良かったあ」の声が聞こえるようだった。

＊淡谷のり子さんの歌った『別れのブルース』の歌詞は「窓を開《あ》ければ～」だった。どちらにせよ観音開きや片開きの窓では無さそうである。レールの上を滑らす窓か、上げ下げする窓かのどちらかのようだが、

関係者が残っていない今ではもう判らない。

「見《み》せ消《け》ち」という術語がある。書き誤った文字を読める状態にして、それに目印を付けたり、斜線などでその文字全体を消したり、余白に修正したりすることである。「見セケチ」という熟語形の初出は、鎌倉時代の高山寺蔵『諸法』だと言われる。元々「消つ」「消す」という二つの五段動詞があったが、鎌倉時代以降、徐々に「消す」の方を使うようになった。「見せ消ち」は、その古い言い方の「消つ」(「消ち」はその連用形)が複合保存された語である。最近、公《おおやけ》の文書などに「見え消し版」を見かける。「見消」表記を見て、誰かが、自分の知っている範囲の知識で、「見」は「見える」の連用形「見え」だな、「消」は「消す」の連用形「消し」だなと誤解して言い始めたのだろう。ブレーキの利かない一人歩きである。

平成一六年度重点施策推進プログラム(案)(見え消し版)

富士の嶺《ね》のならぬ思ひに燃えば燃え神だに消《け》たぬ空《むな》し煙《けぶり》を

(『古今和歌集』巻一九・一〇二八)

気になる言い方がもう一つある。最近「~ので(んで)~します」をよく耳にする。「全然優勝あきらめてないんで応援をお願いしま~す。」である。条件節に結論部が直結している。「優勝はあきらめていません、… 最後まで応援をお願いします。」と言った方が落ち着くが、「AだからBです。」になっている。表現が幼く聞こえる上、全体に余韻が感じられない。あるはずの読点「、」や「…」がまた消えている。「相づちを期待しない、メッセージの一方的な発信」であり、対話になっていない。「閉《し》まるドアにご注意ください。」に対して抱いた違和感と共通したものがある。

（2）もっとあいさつを

私はエレベーター内にただようあの〝空気〟が苦手だった。退職して一番ホッとしたのはそれに乗る機会が減ったことである。面識の無い人との相乗りはまだ良かったが、知らぬでもない他人《ひと》と一緒になった、つい先ほど別れた方とまたすぐ乗り合わせた、そんな時が辛かった。交わす話題が無尽蔵にあるわけではない。だから間が持てない。「自分は自分、他人《ひと》は他人《ひと》だ。」とアッケラカンになれないのである。英国風紳士然とした和田敏英先生から、「欧米人の気質はDry、日本人はそこがWetなんです。」と教えられた。この歳になっても、「悠然として我関せず」の振る舞いが出来ない。一〇秒以上沈黙が続くと耐えられない。何とか「またお会いしましたねえ。」と言ってお茶を濁し、後は、視線を階表示から、手すり、扉、電灯へと泳がせてしのいできた。

髪形や化粧を変えた女子学生と乗り合わせる。一向に動こうとしないその〝空気〟に堪えられず、「綺麗になったねえ〜」とおべんちゃらを言ってその場をしのぐ。最近は褒めてもハラスメントになるそうだ。「添田教授、教え子に……」は癪《しゃく》だし、もう一切関わるまいと決めている。妻は「沈黙は気にならないよ」と言い、「無口だから」と付け加える。六口なのにそんなことを言う。

エレベーターは僕も嫌いです。友人と二人だけならまだいいのですが、見知らぬ人と一緒だと言いしれぬ重圧感に襲われます。知っている人となら和らぎます。不思議です。
（人文・T君）

T君という同志を見つけ「言いしれぬ」に傍点を打とうと思ったが、よく読むと、「知らない人と一緒だと重圧感、知っている人と一緒だと解放感」と言っている。何のことはない、正反対だった。私の場合は「面識の無い人との相乗りはまだしも、知らぬでもない人との一緒は辛《つら》い」のである。

汽車に乗る楽しみは移ってゆく景色を眺めることにある。そこで進行方向の窓側に腰掛けるが、列車がトンネルに入ると落ち着かなくなる。前の座席に腰掛けた人の表情が車窓に映って目のやり場に困る。そんな時、流れ去っていくトンネルの壁を見つめ、力いっぱい睨めっこをして遣り過ごす。

新幹線駅での見送りは、車内、車外そのどちらに居ても頭痛の種である。窓はお互いの姿や表情までは遮《さえぎ》ってくれない、話しかけても開かなくて声が届かない。発車までの時間のすごし方がいつも悩ましい。年甲斐もなく慣れぬVサインを出してサービスにつとめる。心は「早く汽笛一声してよ～」と泣いている。別れた後になって、自分の振舞いの残像を消し去るのに苦労する。

キャンパスで学生の自転車とすれ違う。道を譲っても会釈は無く、「そっちの勝手よ。」とばかりに走り去る。人気《ひとけ》のない早朝の暗い廊下で出会っても挨拶が無い。そんな沈黙は不気味だが、妻に話すと、「先生でしょ、教えてあげたら。」とそっけない。人目を気にしなくなって運動競技で好成績が出始めたのかな？　周りを単なる風景と割り切れば、人前でのうんちスタイルや化粧も平気。

次回の授業で思いきって「言葉（挨拶）の持つ懇親的な働き」について話した。「挨拶は、実質的な『内容の伝達や表現をする』手段じゃないけど、それがあると無いとでは天と地の違いだよ。『怪しい者じゃありませんよ』『良い関係を持ちたいですね』という思いや、ほのぼのとした気持ちも、きっと一言で伝わるよ。」と、前のめりになって語りかけた。

> （前略）「おはよう」というアイサツは、別に「朝である」とか「早い」とか、そんなイミを伝えているわけじゃない。それは、「私は怪しい人間じゃありません」「今日も仲よくやりましょうね」「私はこんな声の調子であなたへの好意を表現していますが、あなたはどうですか」といった気持ちを相手に伝え、サルでいえば、〝毛づくろい〟に当たるような、連帯感の確認作業をしているのだ。（後略）
>
> （『朝日新聞』二〇〇六年一一月六日付朝刊）

右の天野祐吉氏の言葉は、その一言一言に含蓄があって色んな示唆に富んでいる。

先日、帰宅しようと駐輪場を歩いていると、すれ違った女性たちの会話からきこえたのは「ごきげんよう」でした。思わず振り返ってしまいました。思いがけない優雅なわかれの挨拶にほんわかとなっていました。

（人文・Mさん）

どうやら学生たちも少しは分かってくれたようだ。良かった。

（3） 寝て子を起こす

「寝た子を起こす」ではない。これは水本精一郎先生（国文学）の口癖だった。研究室の恒例の行事「卒業論文提出直後の追出しコンパ」では、四年生が立って挨拶する。無事に提出できた安堵感から、最初の一人が「卒論は早めに取りかかってください。」と挨拶を締めくくる。この流れが出来てしまうともういけない、次々と反省を込めた忠告の弁が続く。堪《たま》らなくなってこうおっしゃった。この言葉は、「自分は出来ない（出来なかった）のに他人にはその実現を要求する」ことである。

寝て子を起こすちゅーんや、それは！

寝て子を起こしている例は多い。我が子には「勉強がんばれ！」とはっぱを掛けながら、自分は「疲れたあ～」と布団に飛び込む親たち、夏休みの早朝六時、毎日その布団の中から「ラジオ体操始まるよ、早く起きなさ～い。」とせかす。先生方も、耳にタコが出来るほど「夏休みが天王山、四当五落だぞ。」と励ましながら天王山を安売りしていた。ご自分のお若い頃はどうだったかお聞きしたかった。核大国も、後発国に「核開発、核拡散は許さないぞ。」と圧力を掛けて、寝て子を起こしている。

（4）広島県人じゃけー

広島県のある町で熟年のご夫婦にお会いした。ご主人が、長《なが》の歳月連れ添った奥さんを「英子じゃ。悪い子じゃが良《え》ー子じゃ。」と紹介して嬉しそうだ。なぜ「英子」が「良《え》ー子」なのか。発音の微妙な相違に目をつぶって言うと、「英子」と「良い子」の組み合わせは（1）～（8）項の八通り。一括りにできない所もあるが、各項の下にそのように発音する地方を大まかに挙げてみた。

（1）えーこ（英子）、えーこ（良い子）北海道の一部、岩手・宮城・福島、茨城、新潟・富山東部、岐阜、
近畿の大部分、四国の北半、中国

（2）えーこ（英子）、いーこ（良い子）北海道の多く、青森・秋田・山形、関東の大部分、北陸以外の中

部の大部分

（3）えーこ（英子）、よいこ（良い子）北陸西部の多く、滋賀・京都など近畿の一部

（4）えーこ（英子）、よかこ（良い子）該当なし

（5）えーこ（えいこ）（英子）、えーこ（良い子）四国の南半、紀伊半島南部、福岡東北部

（6）えーこ（えいこ）（英子）、いーこ（良い子）九州の東半

（7）えーこ（えいこ）（英子）、よいこ（良い子）該当なし

（8）えーこ（えいこ）（英子）、よかこ（良い子）九州の西部と南部

（「えー」は「ええ」が、「いー」は「いい」が融合し長音化した語）

太字にした（1）が、「英子」と「良い子」ともに「えーこ」と言うケースである。

（1）では、「英」が、原形の「えい［ei］」（古くは［jei］）から順行同化※して「ええ［ee］（［jee］も）」に変化し、その後融合して長音の「えー［e:］（［je:］も）」になる。この足取りは、中国地方などで起きる「ふせよ（伏）↓ふせい↓ふせえ↓ふせー」変化（特に傍線部）と同じ道筋である。「良い」の方は、原形の「よい［joi］」から、連母音※の［o］と［i］が相互同化した「いぇー［je:］」を経て「えー［e:］」に発音される。

英語《えーご》、映画《えーが》、敬語《けーご》、警察《けーさつ》、先生《せんせー》、朝礼《ちょーれー》、兵隊《へーたい》…

言わんでも良《え》ー、良《え》ーこと、良《え》ー天気、良《え》ー話がある…

※順行同化…ある音が、先行する音の性質の影響を受けてそれに近づくこと。
連母音…第2章二九頁参照。

こうして、(1)では、「えーこ」が「英子」と「良い子」両方の意味を表し、専ら、「英子《えーこ》じゃ。悪い子じゃが良《え》ー子じゃ。」の洒落が成り立ってくる。北海道の一部、岩手・宮城・福島、茨城、新潟・富山東部、岐阜、近畿の大部分、四国の北半、中国地方などで見られる。但し、助辞は各地の方言形に換わる。原形の、融合しない「えい」が混ざる(5)の四国の南半、紀伊半島南部、福岡東北部などでは、時に洒落になることもある。「英子」と「良い子」の発音が異なる(2)、(3)、(6)、(8)四項の地方では洒落が成立しない。

朝礼での掛け声にも各地で違いがある。教員志望の学生は気をつけた方が良い。
(1)、(2)、(3)の地方では専ら「一同、礼《れー》」と言う。
(5)、(6)、(8)の地方では「一同、礼《れー》」を言うが「一同、礼《れい》」も混ざる。

私は広島県人です。よく「ハガエー」を耳にします。でも単品の場合はきちんと「ハガイー」と言います。感情的になると「めっちゃハガエー」、「うっわハガエー」になっていました。
（教育・Fさん）

原形のハガユイから音が転じたハガイー形が西日本へ広がってくる。語源は「歯＋痒《かゆ》い」なのだが、「傍線部のイーはヨイ(良)から逆行同化※したイイの長音化形」だと誤解する。自分たちは普段そのイー(良)はエーと言っている。それなら、「ハガイーのイーのところだって、よく使う馴染みのエーに置き換えても良《え》ーはず」だと考えて、ハガエーが出来上がった。

※逆行同化…ある音が、後続する音の性質の影響を受けてそれに近づくこと。

普段使っている馴染みの方言の物言いに照らし合わせ、身近に引き寄せて言い直している。その上に、くだけたメッチャやウッワなどの感情的な語が乗っかると、方言は一段と紛《まぎ》れ込みやすくなる。ハガエーは、そんな「しなくても良い余計な修正」をした、出番を間違えた「誤用」、過剰修正だと考える。

メッチャ、ウッワなどの語が乗っかっていない「ハガイー単独形」を、Fさんは、「単語」と言っては硬すぎると思って俗っぽい「単品」という言葉で言い表している。ちょっとくだけ過ぎかなと思うが、妙に心に響くものがあるから不思議である。

むすびにかえて

授業の最終回、日本語に対する「贈る言葉」や授業への励ましが送られてきた。少しおもはゆい。

この間、買い物をしているとき聞いたことば、「いくら」「何円?」「これください」。中で、和服を着た年配の婦人が「いかほど?」。言葉が彼女の姿にすごくしっくりしていました。

（教育・Tさん）

「クールビズ」より「涼みスタイル」をと聞いた時、風鈴の音やうちわや畳のにおいなどが、パッと映像で浮かんできました。「クール」では宅配便を思い出してしまいます。先生の「涼み」には、慣れ親しんだ日本語のイメージや響き、温かみが含まれていて、とても素敵な造語だなあと感じました。

（人文・Nさん）

『ドラえもん』は最近、声優、制作陣が大幅に交代。交代する直前に、元ドラえもん役の大山のぶ代さんのコラムを新聞で見つけました。大山さんはこんなことを書いていました。

子どもたちにはきちんとした言葉遣いをしてほしい、と願って声優仲間とは、良い言葉しか使わないという誓いを立てた。乱暴な言葉やおかしな言葉は、原作や台本にあってもその都度言い換えてきた。新しい声優のみなさんが今後ドラえもんの夢や冒険心とともに、正しい言葉遣いも引き継いでくれたら、と願っている。

新生ドラえもんが始まった時、私は新しい制作陣に無事にバトンがわたっているか、わくわくしながらテレビをつけました。しかし、ドラえもんの口から出てきた言葉は……。「全然平気!」「ジャイアンにばれたら殺されるよ」といった具合です。とても残念です。（人文・Kさん）

最後まで「日本語が大切で、大好きだ」という姿勢を貫いていて、ずっと変わらない気持ちで講義して下さりとても嬉しかったです。人一人に影響を与えるというのはすごいことだと思うのに、毎回のコメントを聞いていると、私だけでなく、非常に多くの学生が先生の熱意に影響を受けているようで、「私だけじゃない」と納得していました。情熱というものは、人から人へと連鎖反応的に伝わっていくものだと思います。山口大学に入って学問と出会えました。日本語はほんとうにかけがえのないものです。（人・Mさん）

私は、このコメントに答えてくださっている時間そのものを授業のように思っています。「コメントに答える時間」と「授業本体」とに便宜上分けていらっしゃいますが、二つの時間には共通して教えている項目もあれば、片方から片方の時間に教えた内容を引用してくる時もあります。「授業本体」同様の深い知識を学べる時間だと思います。今日も寝不足なのですが、講義は、それこそ魔法のように眠くありません。何より、先生の日本語を愛する姿勢に毎回共感して一種の一体感に包まれて講義を受けているからだと思います。

（人文・Mさん）

先生が「質問する側にばかり回らないで！」と学生に注文する意味がわかりました。質問に対する答えを見つける「方法」を学ぶのが大学の勉強なのですね。日常生活で疑問に思ったことをそのままにせぬよう発見の目を持つようにします。

（人文・Iさん）

学生たちは、授業で、日々出会う物事・現象などの捉え方、研究の筋道、方法を学んできた。言語資料を冷静に分析する手法が身に付き、日本語の特徴や働きにも目を向けるようになった。

森博嗣氏が著された『大学の話をしましょうか』（中央公論新社　二〇〇五年）の一節、「学生は、（研究者の）自分が知りたいもの、解決したいもの、作り上げたいものへ向かっている視線にこそ魅力を感じる。」（丸括弧内は筆者注）を忘れないようにしたい。教育は研究に裏打ちされて豊かになる。

高校の頃の先生が、「大学時代に住んでいた所は第二の故郷。久しぶりにそこに行くと、やっぱり『ただいま』と言っちゃうんだ。」とおっしゃっていました。これを聞いて、私は心がジーンとして「いいなぁ。」と思いました。その先生の気持ちがよく分かります。この先、山口を訪れる時には、私も「ただいま。」と言うと思います。少し寂しいけれど、少し幸せです。（人文・Iさん）

先輩方や研究仲間の著書・論文に学んでここまで書き進めることができた。授業の場その他で寄せられた学生や社会人の方々の意見にも教わった。共に感謝の気持ちでいっぱいである。また、本書の刊行の意義をご理解いただき、手を差し伸べて下さったひつじ書房の松本功様、編集に心を砕き貴重な助言を下さった細間理美様、装丁デザインをして下さった上田真未様に心からお礼を申し上げる。

山口大学の阿部泰記、岩部浩三、太田聡、尾崎千佳、柏木寧子、加藤崇雄、田中誠二、辻正二、坪郷英彦、富平美波、豊澤一、中村友博、根ヶ山徹、平野芳信、平山豊、真木隆行、増山博行、湯川洋司、横山成己、和田学、広島大学の松本光隆、それと越智裕二、古賀悦子、皆さんから色々教わった。

参考文献（本文中に出典を示したもの以外の書名・論文名を挙げる）

飯豊毅一他編『講座方言学 四 北海道・東北地方の方言』（国書刊行会 一九八二年）
井上史雄『新しい日本語《新方言》の分布と変化』（明治書院 一九八五年）
小野正弘編『日本語オノマトペ辞典』（小学館 二〇〇七年）
太田聡「混成語考」（中右実教授還暦記念論文集編集委員会編『意味と形のインターフェース』（くろしお出版 二〇〇一年））
春日和男「歌謡とそのことば 九州での話」『日本歌謡研究』第三二号（日本歌謡学会 一九九二年）
亀井孝他編『日本語の歴史 一 民族のことばの誕生』（平凡社 一九六三年）
金田一春彦編『ことばの魔術』（講談社 一九七八年）
窪薗晴夫『新語はこうしてつくられる』（岩波書店 二〇〇二年）
国立国語研究所編『日本言語地図 縮刷版』（大蔵省印刷局 一九八一～一九八五年）
小林隆・篠崎晃一・大西拓一郎編『方言の現在』（明治書院 一九九六年）
小松英雄『日本語の世界 七 日本語の音韻』（中央公論社 一九八一年）

真田信治『日本語のゆれ　地図で見る地域語の生態』（南雲堂　一九八三年）
杉浦日向子『うつくしく、やさしく、おろかなり　私の惚れた「江戸」』（筑摩書房　二〇〇六年）
椙村知美「対人関係に係わる言語表現の研究　地域差・年齢差等の解釈から」（山口大学大学院東アジア研究科博士論文　二〇〇九年）
武光誠『名字と日本人　先祖からのメッセージ』（文藝春秋　一九九八年）
徳川宗賢編『日本の方言地図』（中央公論社　一九七九年）
徳川宗賢・真田信治編『新・方言学を学ぶ人のために』（世界思想社　一九九一年）
丹羽基二『日本の苗字読み解き事典』（柏書房　一九九四年）
平山輝男編『全国アクセント辞典』（東京堂　一九六〇年）
廣戸惇『中国地方五県言語地図』（風間書房　一九六五年）
同右『方言語彙の研究』（風間書房　一九八六年）
藤田勝良・田原広史『山口県域の方言動態小報告　通信調査の結果による概観』（私家版　一九九〇年）
藤原与一「西部方言の語彙」（遠藤嘉基他編・東条操監修『方言学講座　第三巻』（東京堂　一九六一年））
マグロイン・花岡直美「終助詞」（『日本語学』五月臨時増刊号（明治書院　一九九三年））
村山忠重『別冊歴史読本　日本の苗字ベスト一〇〇〇〇』（新人物往来社　二〇〇一年）
柳田國男『定本　柳田國男集　第一四巻』（筑摩書房　一九六二年）
山口県姓氏歴史人物大辞典編集委員会編著『角川日本姓氏歴史人物大辞典　三五　山口県』（角川書店　一九九一年）
山口仲美『ちんちん千鳥のなく声は　日本人が聴いた鳥の声』（大修館書店　一九八九年）
同右『犬は「びよ」と鳴いていた　日本語は擬音語・擬態語が面白い』（光文社　二〇〇二年）

同右『暮らしのことば　擬音・擬態語辞典』(講談社　二〇〇三年)

用例は、小学館の『日本国語大辞典　第二版』『日本方言大辞典』『日本古典文学全集』『新編日本古典文学全集』、岩波書店の『日本古典文学大系』『新日本古典文学大系』から引くことが多かった。山口県文書館所蔵の毛利家文庫の史料も引かせていただいた。

【著者紹介】

添田建治郎（そえだ　けんじろう）

一九四五年、福岡県に生まれる。九州大学大学院文学研究科博士課程を中途退学、博士（文学）、山口大学名誉教授。主な研究課題は、日本語のアクセント史のほか万葉仮名表記。著書に、『新しい国語学』（共著、朝倉書店、一九八八年）、『日本語アクセント史の諸問題』（武蔵野書院、一九九六年、同年度の新村出賞を受賞）、『愉快な日本語講座』（小学館、二〇〇五年）がある。

2番教室からの日本語講座

方言・地名・語源のなぞ

発行　二〇一一年七月一五日　初版一刷
定価　二〇〇〇円＋税
著者　©添田建治郎
発行者　松本　功
装丁者　上田真未
印刷製本所　三美印刷株式会社
発行所　株式会社ひつじ書房
〒一一二―〇〇一一
東京都文京区千石二―一―二　大和ビル二階
Tel. 03-5319-4916　Fax. 03-5319-4917
郵便振替00120-8-142852
toiawase@hituzi.co.jp　http://www.hituzi.co.jp/

ISBN978-4-89476-557-3